AF476581

MANUEL
DU TAILLEUR.

MANUEL
DU TAILLEUR,

PAR

G.-H. DARTMANN,

TAILLEUR ET PROFESSEUR,

BREVETÉ POUR INVENTION ET PERFECTIONNEMENT.

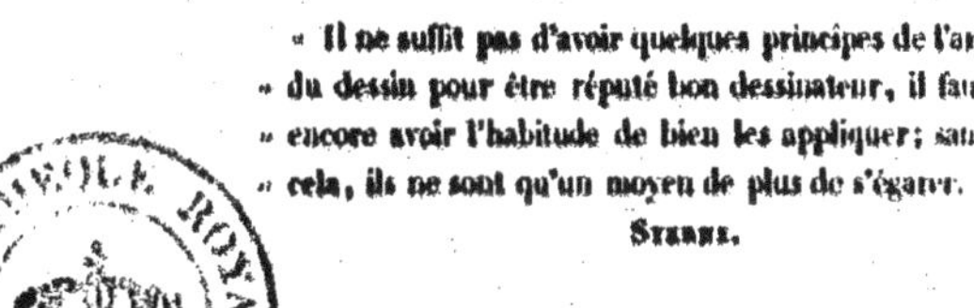

« Il ne suffit pas d'avoir quelques principes de l'art
» du dessin pour être réputé bon dessinateur, il faut
» encore avoir l'habitude de bien les appliquer; sans
» cela, ils ne sont qu'un moyen de plus de s'égarer. »
STERNE.

« On apprend avec l'âge que ce qui paraissait in-
» croyable peut néanmoins être possible. »
(*Madame la Princesse* CONSTANCE DE SALM.)

A PARIS,

CHEZ HAUTECŒUR, LIBRAIRE, RUE DU COQ-SAINT-HONORÉ;

ET A LONDRES, CHEZ BAILLIÈRE, 219, REGENT STREET.

M.DCCC.XXXVII.

BLOIS, IMPRIMERIE DE FÉLIX JAHYER.

INTRODUCTION.

Il y a long-temps que pour hâter les progrès de l'industrie, on a imaginé de composer pour chaque art, pour chaque profession, des livres qui devinssent la démonstration fidèle de leurs diverses opérations, et par suite une source féconde de perfectionnements.

Ces livres, auxquels on a communément donné le nom de *Manuel*, ont-ils toujours répondu à l'attente du public? Non. Pour la plupart, ils ont rarement atteint le but qu'avaient dû se proposer leurs auteurs en les publiant, celui d'une utilité générale.

Il est facile de trouver la cause des défauts que nous signalons. En effet, parmi les divers auteurs de ces Manuels, les uns pour donner une preuve de l'expérience qu'ils avaient acquise, n'ont fait que ressusciter d'obscures et imparfaites méthodes, que corriger certains abus, que rajeunir ou développer quelques procédés déjà tombés dans l'oubli; les autres prétendant à la fois se faire un nom et se créer une espèce de monopole, sont entrés dans de nombreux et fastidieux détails, pour annoncer pompeusement des résultats peut-être nouveaux, mais en ayant soin toutefois de garder le secret de ces perfectionnements pour l'exploiter à leur profit, et n'avoir aucune concurrence à redouter; ceux-ci enfin, plagiaires ou commentateurs, en s'évertuant à plaisir à compiler, ont ramassé en un corps compact nombre d'instructions tirées de différents ouvrages qui traitaient les mêmes matières, s'imaginant au moyen d'une combinaison nouvelle, les faire passer aux yeux du public pour des innovations intéressantes; mais la prétention des uns et des autres n'a été qu'une illusion éphémère, le bon sens des masses, toujours intelligentes, en a fait promptement justice.

Ainsi, la crédulité publique a été si souvent exploitée,

lui-même ses développements; et dès-lors on est forcé de convenir que, semblable à ceux qui l'ont précédé, qui l'ont suivi, il n'a rien fait pour satisfaire au besoin qu'éprouvait l'art du tailleur depuis son origine, pour asseoir cet art sur des principes naturels et invariables.

Au lieu donc de cultiver réellement cet art, et de s'étudier à lui trouver la base fixe et indestructible qui lui manquait, les tailleurs, tant artistes qu'écrivains, l'ont renfermé, jusqu'à l'heure où nous écrivons ces lignes, dans le cercle vicieux des routines, pour ne s'appliquer qu'à inventer des variations plus ou moins élégantes ou bizarres qui se multiplièrent encore depuis le dix-neuvième siècle.

Tous les perfectionnements apportés jusqu'à ce jour constatent donc des inventions plus ou moins ingénieuses, mais on n'y trouve nulle part cette fixité de principes, cette base invariable sans lesquelles il n'y a pas d'art possible.

Ainsi engagés de plus en plus dans l'inextricable labyrinte des routines, la plupart des tailleurs, en ce qui touche l'art de la coupe des vêtements, en ce qui constitue le talent essentiel de l'artiste, ne savent procéder qu'au moyen de coutumes, de quasi-principes, dont les divers et faux résultats n'ont pu leur permettre encore de tailler ni avec l'assurance, ni avec la précision rigoureuse qu'exige la conformation humaine, pour tous genres d'habillement, pour toutes les modes, indépendamment des soins ultérieurs que réclament le bon goût et la bonne confection.

Connaissant le mal et sa cause, il s'agissait donc d'appliquer le remède efficace, radical et exact; en un mot, d'opérer dans notre profession une réforme complète. Je tentai cette entreprise; dès 1809 je conçus le projet de régulariser la coupe des vêtements en introduisant un système à la fois simple et exact; et, à cet égard, tous mes efforts tendirent constamment à imaginer une combinaison qui ne laissât rien à désirer et qui fût profitable à tous les tailleurs. Je puis dire qu'il n'est pas de source où je n'aie cherché à puiser, pas d'essais que je n'aie tentés; je consultai le dessin, la sculpture, l'anatomie; mais ce n'était pas là que devait se trouver la solution du problème que je m'étais posé, par la raison que, dans les beaux-arts, la bosse et la cavité sont ordinairement traitées d'après la belle nature, et à l'aide d'un aperçu saillant et déterminé; tandis que la nature apparaît incommode et bizarre au tailleur. Bien qu'assujéti à autant de soins que le statuaire, le tailleur se trouve, en effet, dans la nécessité de savoir distinguer par la mesure et de rendre fidèlement, dans la coupe d'une étoffe toujours plate, les diverses parties bien faites des nombreuses statures qu'il est appelé à personnifier, de même qu'il lui faut posséder l'art d'atténuer autant que possible les défectuosités du corps humain.

Quelque pénible et coûteuse que me parût néanmoins une telle étude, je continuai de m'y livrer avec zèle, jusqu'à ce qu'à l'aide des sciences étrangères à notre art, sciences avec lesquelles j'avais su un peu me familiariser, telles que le dessin, la statuaire, l'anatomie et la géométrie, mes recherches cessèrent d'être infructueuses. Aussitôt que l'expérience m'eut progressivemment démontré la possibilité de réaliser l'innovation importante, dont le raisonnement seul avait pu me faire concevoir l'idée, aussitôt que je possédai la clef du système que je méditais depuis long-temps, et que j'eus l'entière conviction que mes calculs, loin d'être vains m'avaient révélé le secret de l'art de la coupe des vêtements, je m'appliquai à classer sommairement les principes de ma découverte. Aussi me déterminai-je bientôt à consacrer mes loisirs au développement d'une science si utile, à entrer dans tous ses détails, à en coordonner les principes, et à démontrer, plus par des faits que par des mots, les résultats d'une combinaison d'autant plus précieuse qu'elle concordait avec toutes les proportions du corps humain. Toutefois, je ne voulus livrer à l'impression cette nouvelle édition, qu'après l'avoir suffisamment revue, et augmentée d'une instruction particulière sur tous les vêtements que l'on peut faire, et l'avoir rendue propre à être mise en pratique par tous mes confrères, de manière à n'avoir aucune contestation à redouter. Cette tâche certes fut longue et ardue ; mais entre autres compensations de mes travaux assidus, la satisfaction de voir pour l'art du tailleur commencer une ère nouvelle, est suffisante pour me dédommager en partie des nombreux sacrifices que, dans ma philantropie, j'ai dû m'imposer, pour obtenir une solution profitable à tous les tailleurs, en dépit, et du mauvais vouloir des uns, et de quelques plagiaires éhontés, faisant parade maladroitement d'une science qu'ils ne peuvent analyser, inhabiles qu'ils sont à la comprendre *.

L'ouvrage que je publie est donc le résultat d'une étude longue et approfondie ; c'est une découverte précieuse pour le public, et spécialement pour toutes les personnes qui exercent la profession de tailleur.

L'infaillibilité des principes qui doit faire apprécier

* A Paris, à Londres et à Ausbourg, on a publié une nouvelle méthode qui n'était que la version, la traduction de la mienne ; seulement on eut le soin de cacher ce larcin sous des indications et des formes différentes. Qu'en est-il résulté ? c'est que comme la combinaison de mon système est telle qu'on ne peut rien changer aux principes sans en détruire la concordance, les plagiaires en ont été pour leurs frais, et que mon livre, défiguré par eux, est devenu tellement méconnaissable, que de clair qu'il était, il est demeuré incompréhensible, et n'a servi qu'à montrer l'ignorance et la mauvaise foi de ceux qui ont cru s'enrichir en s'appropriant mes dépouilles.

cette méthode, révèle suffisamment le progrès remarquable et inattendu qu'a récemment fait l'art du tailleur.

Aujourd'hui donc plus de tâtonnements, plus de difficultés, les règles de la coupe sont invariablement établies, et l'étude en est devenue si facile que, quelle que soit l'intelligence de l'ouvrier tailleur, il est rare qu'il lui faille plus d'un mois pour en acquérir la connaissance. Tellement que, soit qu'il s'agisse d'habillements civils, militaires ou ecclésiastiques; de costumes des tribunaux, des cours, de théâtre, de bal, tant anciens que modernes, quelles que soient les variations des modes, de stature, et les fantaisies des personnes, il peut, s'il a sérieusement étudié l'art de la coupe, tailler ces divers vêtements avec goût, facilité, assurance et précision, et jouir, au moyen de l'aptitude qu'il possède, du précieux avantage de pouvoir aller s'établir, avec succès, partout où ses idées le conduiront.

Ainsi, sans entrer dans de plus grands détails pour faire connaître tous les avantages qui émanent de ce système, on conçoit aisément qu'il n'est aucune classe de la société à laquelle il ne doive profiter, aucune par conséquent qui puisse s'empêcher, sinon d'applaudir à cette importante et ingénieuse innovation, du moins d'en reconnaître l'incontestable utilité.

Il est facile de prévoir que désormais on verra se propager les principes naturels, fixes et commodes de l'art de la coupe, et qu'ils obtiendront la préférence sur toutes les données et routines pratiquées jusqu'à présent, mises en usage, avec leurs funestes conséquences, avec tous les inconvénients qui résultent d'un système erroné.

Toutefois, la méthode que je publie a déjà trouvé de nombreux et différents contradicteurs; mais tous leurs efforts ont échoué contre les avantageux principes qui y sont développés. En effet, je n'ai jusqu'ici négligé aucune occasion de dissiper l'erreur et d'amener la conviction là où existait le doute.

Du reste, le gant reste jeté : libre à qui veut de le relever et de s'avancer avec moi dans l'arène....

Fort de l'exactitude des nouveaux principes que j'ai appliqués à l'art objet de cet ouvrage, je laisse à mes collègues le soin d'en apprécier le mérite et la réalité, sans solliciter, même tacitement, leur approbation. Sans la dédaigner, je crois devoir l'attendre comme un hommage dû à la vérité.

Aussi, qu'avec le secours du temps, le génie du progrès réussisse à améliorer la nouvelle combinaison que je professe, à lui donner de l'extension, on le conçoit; c'est une conséquence toute naturelle de cette publication, et je me trouverai toujours heureux d'avoir pu semer un germe qui fut productif; mais prétendre que ma méthode est erronée ou irrégulière, qu'elle ne l'emporte point sur tout ce qui l'a précédée, ce serait vouloir combattre l'évidence et ne pas faire preuve de bonne foi.

Il me suffit donc aujourd'hui d'avoir fait franchir d'un seul pas à l'art du tailleur l'intervalle immense qui le sépare encore des nombreux progrès de notre siècle, de l'avoir transformé en un système exact, avantageux et commode, et d'avoir ainsi fondé sur les ruines des probabilités et de l'erreur un monument impérissable.

Telle est la part de célébrité à laquelle j'ai l'ambition de prétendre; tel est le motif qui me décide à hâter la publication de cet ouvrage, et pour mettre l'exemple à côté du précepte, à ouvrir un cours pour les ouvriers tailleurs.

On a fait plusieurs fois sur cet ouvrage une observation que je ne puis laisser passer sous silence, attendu qu'elle est de nature à pouvoir se reproduire.

On s'est plaint, mais c'est à tort, de ce que les dessins de mon Manuel n'étaient pas ombrés, et l'on a inféré de là que mon système était incompatible avec les modes. Cette conclusion est une erreur grave. Le système régulateur que je professe n'a pas, à la vérité, et ne peut avoir les modes pour base; mais c'est par la raison qu'il se compose de règles simples et fixes en harmonie, qu'il suffit de l'avoir étudié convenablement pour être à même de tailler, avec précision et selon les modes, tous les vêtements en général, et de leur imprimer une durable et élégante confection. On concevra, au contraire sans peine, que pour que ces dessins présentassent fidèlement et à nu les vrais principes que je suis parvenu à poser, j'ai dû les dépouiller du luxe des modes, parce que les ombres qu'elles nécessitent eussent presque entièrement caché cette harmonie parfaite et nécessaire qui règne si évidemment entre le texte et les planches, et rendu par là très difficultueuse et bien moins profitable l'étude de ce système, qui, loin de dépendre des modes, sert au contraire à les traiter convenablement.

En effet, il est constant que, pour être en état d'exercer un art quelconque, l'essentiel est d'en connaître les véritables principes, que le reste s'acquiert par la pratique, et que, loin de remplacer ces principes, il faut que les modes elles-mêmes leur soient subordonnées pour en devenir seulement l'utile et l'agréable complément.

D'ailleurs, et dans la supposition même que des dessins ombrés ne puissent aucunement nuire à l'étude de la coupe, comment composer un manuel d'après les modes passées, présentes ou futures? On voit qu'une telle composition est véritablement impossible : car il faudrait autant de manuels qu'il pourrait survenir de modes. Or, il serait ridicule d'établir des manuels périodiques; chaque art n'a besoin que d'un manuel unique, comme il n'est besoin, pour chaque état, que d'une sorte d'apprentissage; si donc l'art du tailleur, pour être mis en pratique, n'exige, aujourd'hui surtout, que la connaissance des règles qui lui sont propres; il est dès-lors incontestable que pour former un artiste capable d'exercer sciemment cet art, il ne faut l'astreindre à étudier qu'un seul et véritable manuel, et ne lui faire faire qu'un seul et sérieux apprentissage: résultat qu'on n'obtiendra jamais en prenant pour base de l'art les futiles et éphémères dispositions des modes.

Sans cesser d'affirmer qu'un manuel qui ne contiendrait que des déssins ombrés deviendrait d'une étude très-difficile, et pourrait faire naître des embarras, et conduire à des erreurs plus ou moins graves; dans le but de mieux montrer, par l'identité qui doit exister entrer les dessins principes et les dessins de ressemblance, la parfaite harmonie qui doit régner entre la coupe et la confection, j'ai pensé qu'il ne serait pas superflu que chaque esquisse fût accompagnée de son dessin colorié; et il y a tout lieu de croire que cette double représentation pourra, tout en flattant l'œil du lecteur, lui rendre les développements de l'art de la coupe encore plus simples, et par là, d'une exécution plus facile.

Convenons-en, les modes ne sont que des variations plus ou moins ingénieuses ou agréables, plus ou moins commodes ou ridicules, que des accessoires, en un mot, qui dépendent des principes radicaux et inaltérables. Ainsi, l'étude qu'exigent les modes n'est que la conséquence de celle des principes : dès qu'on possède le talent essentiel, il ne faut qu'un peu de pratique pour traiter convenablement les modes dans toutes leurs variations, avec plus ou moins de goût, de grâce et de dextérité : car on sait que parfois cette exécution dépend autant du goût et des dispositions naturelles de l'artiste que des soins qu'il y porte.

Du reste, le tailleur se trouve placé pendant toute sa vie dans la nécessité de s'étudier à mettre en harmonie un système fixe avec des combinaisons passagères, et c'est sous ce rapport surtout qu'il peut dire avec Sénèque : On apprend toujours quelque chose en vieillissant.

PREMIÈRE PARTIE.

CHAPITRE I.

MESURE DU TAILLEUR.

PREMIÈRE SECTION.

Dissertation préliminaire.

Pour habiller convenablement quelqu'un, il y a plusieurs conditions à remplir : la première et l'une des plus essentielles, est de bien prendre et de bien marquer la mesure.

Quoique mon système ait toujours triomphé des diverses attaques de mes antagonistes, je ne prétends pas affirmer précisément que les tailleurs qui peuvent avoir réussi à trouver une bonne manière de prendre et de marquer la mesure, doivent, contrairement à l'opinion qu'ils ont pu s'en former, y renoncer sans examen, pour en adopter une qui, n'étant point de leur création, leur déplairait peut-être et blesserait leur amour-propre; je leur propose seulement de faire essai de la mienne dans l'espoir que le résultat pourra déterminer enfin leur choix, à l'imitation de tant d'artistes sincères, qui ne l'ont adoptée qu'après s'être convaincus de sa supériorité. Je vais mettre dans tout son jour cette partie de mon système, en conseillant l'usage à tous ceux qui exercent la profession de tailleur, à la jeunesse surtout : car s'il reste constant que le mode de mesure que je propose, fût-il encore susceptible d'amélioration, est le meilleur sous tous les rapports, je ne puis cesser d'en revendiquer le mérite et de le propager le plus qu'il est en mon pouvoir.

Toutefois, je dirai à cette occasion, comme j'aurai à le répéter sans doute dans le cours de cet ouvrage, cette conviction ne peut guère se compléter que par l'exécution, par la pratique; maintenant, et avant d'arriver aux développements nécessaires pour opérer sciemment et avec précision, je vais passer à quelques observations succintes.

Depuis que, jouissant du privilége que confère l'art. 24 de la loi sur les patentes, en date du 1.er brumaire an VII, des personnes étrangères à la profession du tailleur commencèrent à en exploiter l'industrie à leur guise et dans tous ses détails; ces personnes, inaptes à se servir d'une mesure en papier, cherchèrent à consoler leur vanité mercantile blessée en faisant usage d'une mesure métrique.

Plus tard, entraînés par l'esprit d'une servile imitation, beaucoup de tailleurs adoptèrent cette mesure sans pouvoir réellement se rendre compte des avantages attribués à la nouvelle combinaison; les uns s'en rendirent partisans, la plupart par la seule raison que ce mode leur parut propre à éblouir le public, en prêtant la complication du luxe à des procédés aussi ordinaires que simples de leur nature; les autres dans l'espoir d'afficher spécieusement des talents distingués, une rare aptitude, ou de raviver leur vogue; d'autres enfin pensèrent masquer par là leur plus ou moins d'incapacité, en procédant à l'instar des artistes les mieux famés.

Toutefois, nous l'avouerons, la mesure métrique ne laisse pas que d'offrir un avantage, faible et unique à la vérité, celui de pouvoir transmettre dans une lettre la mesure d'une ou de plusieurs personnes; du reste, on ne peut se dissimuler qu'elle présente dans l'exécution diverses difficultés assez notables, qu'il faut attribuer à l'inexactitude évidente que conservent les divisions; et cependant les divisions sont des points essentiels, d'où dépendent la bonne et la mauvaise confection de l'habillement, et qui exigent par conséquent une précision que cette mesure, telle qu'elle est, ne saurait leur donner.

Vient ensuite le mode de conservation, et l'on va sans doute m'objecter que les mesures établies d'après ce système, et dont le résultat est inscrit sur un registre spécialement destiné à cette précaution, ne peuvent se perdre, tandis que, réunies en une liasse suspendue à un clou, celles en papier courent souvent risque d'être perdues ou déchirées. Certes, jusqu'ici, il y a eu à cet égard le pour et le contre, c'est-à-dire qu'il a été impossible de reconnaître un moyen de conservation meilleur dans le nouveau mode de mesure écrite, qui ne parle qu'à l'œil, que dans l'ancienne mesure palpable, dont on pourrait, au besoin, se rendre compte par le tact; et, pour peu qu'on y réfléchisse, on est forcé de concevoir que si la cause des avantages ou des inconvénients varie tant soit peu, en définitive, le résultat est toujours le même.

Long-temps encore on sera tenté de chercher à améliorer le modede conservation, et déjà je viens d'en introduire un assez simple, qui paraît plus sûr et moins embarrassant que les deux que nous venons de comparer; mais ce dernier mode ne peut s'appliquer qu'à la mesure en papier.

Pour le mettre en usage, il suffit de se procurer un étui ou une boîte à compartiments, dont les *casiers* soient grands de la longueur d'une mesure roulée sur la main, (c'est-à-dire *de trois pouces et demi de long* sur *dix lignes de large* et *cinq lignes de profondeur*); on pose dans ces *casiers* les mesures de manière que les noms des personnes se présentent tellement en-dessus que, lorsque cette boîte est ouverte, on puisse y lire au premier aspect les noms inscrits sur les mesures qu'elle contient. Cette boîte, par sa forme et son ouverture, ressemble assez bien à une livre, et elle est d'un emploi tout aussi commode.

Cette nouvelle manière de conserver la mesure n'a pas tardé à être adoptée par beaucoup de tailleurs; quelques uns d'entr'eux placent même cette boîte (plus ou moins enjolivée) au-dessous des rayons qui supportent leurs marchandises, dont elle devient, en quelque sorte, le simple et naturel ornement.

§ 2. — *Réunion des diverses mesures d'habillement.*

Pour prendre mesure d'un habillement complet, il devient inutile, quoiqu'on puisse alléguer en faveur de cette habitude, de se servir d'autant de mesures qu'il y a d'espèces de vêtements à confectionner; en voici la raison : c'est que les tailleurs se trouvent toujours dans le cas de faire des marques tellement différentes les uns des autres, qu'ils ne puissent jamais les confondre, et de placer celles qui se ressemblent à une distance qui les fasse distinguer aisément, il devient naturel et préférable pour eux, puisqu'ils ne peuvent commettre d'erreur de cette nature, de n'établir qu'une seule et même mesure pour la totalité de l'habillement, plutôt que de le diviser sur des mesures isolées.

Or, pour arriver à cette opération, d'après le mode que j'ai adopté et que je propose comme étant le meilleur, il est nécessaire d'en préparer l'instrument, c'est-à-dire la mesure.

Pour préparer cette mesure, il faut réunir plusieurs bandes de papier pour n'en faire qu'une seule, dont la longueur soit à peu près égale à la stature de la personne que l'on doit habiller; puis tailler différemment les deux bouts de cette bande unique pour qu'il soit facile de reconnaître que l'un appartient à l'habit, à la redingote, et l'autre au pantalon ou à la culotte.

Nous allons maintenant passer aux développements.

DEUXIÈME SECTION.

PLANCHE I.re, FIGURE I.re

§ 1.er — *Sur la manière de prendre et de marquer la mesure.*

Pour rendre plus facile le détail de l'opération, je n'ai pas cru inutile de placer contre la mesure et dans l'ordre alphabétique une série de lettres, qui devinssent l'expression des longueurs et des grosseurs des diverses parties du corps.

Il est entendu que ces lettres ou signes, sont les mêmes dans le texte que sur les planches, et sont par conséquent toujours en parfaite harmonie.

On met d'abord le bout de la mesure A à la couture du collet ou à la nuque, c'est-à-dire à l'endroit où le cou est évidemment isolé du corps ; on la descend immédiatement jusqu'à la taille B, et l'on fait une hoche au bord fermé de la mesure; on la descend encore de même pour toutes longueurs restantes et complétives C de l'habit, de la redingote, etc., etc., et pour marquer cette dernière longueur, on fait pareillement une hoche au bord fermé de la mesure.

Maintenant on fait courber horizontalement le bras de la personne, puis, mettant le bout de la mesure au milieu du dos, sur la couture, on la conduit d'abord au coude D, de là, jusqu'à l'endroit qui détermine la longueur totale la manche E, et, pour marquer chacune de ces deux longueurs, on fait à D et à E un trou au milieu de la mesure.

Quant aux largeurs de carrure et des manches, on peut alors se dispenser de les prendre : cette précaution deviendrait inutile, puisqu'on peut trouver toutes ces largeurs exactement réparties dans le développement des principes de division qui font l'objet de la troisième section de ce chapitre.

Pour connaître la longueur des revers, il faut procéder de la manière suivante :

On pose le bout de la mesure au milieu du dos A, à l'encolure, on la descend immédiatement par devant en F, à une longueur convenable, selon la mode ou le goût de la personne; pour marque, on fait à F une double fente au bord ouvert de la mesure.

Un assez grand nombre de tailleurs prennent cette dernière longueur et celle du gilet d'après la couture de l'épaulette; mais ce procédé devient dangereux, par la raison que souvent la mode peut exiger pour le dos une largeur différente que celle sur laquelle on a pris mesure, et qu'ainsi les revers et le gilet peuvent se trouver plus ou moins longs.

On ne doit pas omettre de prendre la largeur de la poitrine; mais cette largeur et la grosseur du haut et du bas du corps doivent être prises sur le gilet et non point sur l'habit, en ayant soin surtout que la personne à qui on prend mesure ne renverse pas la poitrine, comme cela arrive assez ordinairement : car il est très important que cette mesure partielle soit prise avec toute la précision qu'elle exige. A cet égard, on pourra consulter les principes qui font l'objet du chapitre premier, deuxième partie.

En conséquence, posez le bout de la mesure antérieurement contre l'os ou intérieurement dans le creux du bras, puis, menant la mesure au point semblable de l'autre bras, marquez la moitié de cette distance I par une double fente au bord ouvert de la mesure.

Les autres largeurs du corps doivent être prises, comme celles de la poitrine, sur le gilet et non point sur l'habit, et l'on doit aussi recommander à la personne à qui l'on prend mesure de ne point retenir la respiration, comme il n'est pas rare de le remarquer, ce qui prête au corps une espèce de gonflement qui peut donner lieu à de notables erreurs.

A cet effet, élevez la mesure jusqu'à ce qu'elle atteigne justement le dessous du bras, et marquez la moitié de cette grosseur G par une languette au milieu de la mesure.

Prenez aussi la grosseur du bas du corps (ou du ventre) au-dessus des hanches, en faisant passer la mesure au creux des flancs, et marquez la moitié de cette dernière grosseur H par deux languettes au milieu de la mesure.

C'est la même mesure, ce sont les mêmes marques pour tous les gilets en général, et même pour les gilets de flanelle.

TROISIÈME SECTION.

DIVISION DE LA MESURE.

PLANCHE I.re — FIGURES I ET II.

§ 1.er — *Partie supérieure du corps.*

Outre la série de lettres dont il vient d'être question dans le paragraphe précédent, destinées à désigner les fractions de la mesure, j'ai également placé contre la mesure des chiffres propres à exprimer chaque quotité des divisions; ainsi, il reste constant que les lettres servent à marquer les longueurs et les grosseurs, et les chiffres à nommer et à montrer distinctement chaque partie divisée.

Il s'agit donc d'établir plusieurs fractions sur la mesure, de telle sorte qu'elles donnent les proportions, à l'aide desquelles on puisse couper et confectionner avec précision.

Mais d'abord, observez bien que c'est de la grosseur du haut du corps que doivent sortir les partages qui déterminent l'emmanchure, l'encolure, la pente des basques et les largeurs des manches, etc., etc.

Maintenant nous allons voir que, pour obtenir en ceci un résultat satisfaisant, il est nécessaire d'établir, pour la grosseur du haut du corps, deux divisions qui aient chacune leurs subdivisions.

Il faut donc pour la *première division* :

1.° Diviser la grosseur du haut du corps en deux et en quatre, et marquer cette moitié et ce quart par une hoche au bord fermé de la mesure ;

2.° Partager le quart par moitié, et marquer cette moitié du quart (qui n'est autre chose qu'un huitième) par un trou au milieu de la mesure ;

3.° Diviser aussi le quart en trois (et marquer le tiers du quart qui est réellement un douzième) par une hoche au bord fermé de la mesure ;

4.° Partager encore en deux ce tiers du quart, ou ce douzième, et marquer également cette dernière moitié (qui équivaut à un vingt-quatrième) par une hoche au bord fermé de la mesure.

Et pour la *seconde division* :

1.° Partager de nouveau la grosseur du haut du corps en trois, puis marquer le tiers et les deux tiers par une hoche au bord ouvert de la mesure ;

2.° Partager ensuite le tiers par moitié (qui donne un sixième), et marquer cette moitié du tiers par une hoche au bord ouvert de la mesure ;

3.° Enfin, marquer les cinq douzièmes par une hoche au bord ouvert de la mesure, et pour trouver ces cinq douzièmes, partager la distance comprise entre le tiers et la moitié, distance qui doit être égale à celle qui existe déjà du tiers au quart, c'est-à-dire égale à un douzième.

§ 2. — *Partie inférieure du corps.*

La grosseur du bas du corps (ou du ventre) doit également subir une division régulière, mais elle est fort simple.

Il suffit de partager cette grosseur en deux, et d'en marquer le point séparatif par un trou au milieu de la mesure, afin de pouvoir, par ce signe, reconnaître aisément la partie inférieure du corps, qui diffère presque toujours de la partie supérieure, et dont il est d'autant plus utile de se rendre un compte exact, en la divisant de la sorte, qu'il existe un assez grand nombre de personnes, dont la grosseur du ventre est plus forte que celle du haut.

C'est par ces divers partages, bien exécutés, que l'on obtient toutes les proportions qu'exige l'habillement du haut du corps, pour habit, redingote, gilet, etc., etc.

QUATRIÈME SECTION.

NOUVELLE MESURE MÉTRIQUE.

PLANCHE I.re — FIGURE II.

Observations préliminaires.

Pour trancher toutes difficultés, j'ai pensé devoir tirer parti de certaines objections qui m'avaient été faites, bien que la plupart ne servirent qu'à corroborer mon opinion sur les principes dont il s'agit ici, et à cet effet, prenant en considération le désir bien naturel qui résulterait de la discussion, celui de faire concorder avec le système métrique celui qu'une longue expérience m'a fait adopter, je me suis constamment appliqué à trouver la solution de ce nouveau problème.

Enfin, après de nombreuses recherches, j'ai été assez heureux pour atteindre ce but, et j'éprouve une satisfaction toute particulière à faire figurer dans cette édition les développements de cette nouvelle et intéressante combinaison de principes, qui, d'une part, devient le *nec plus ultrà* des perfectionnements de ce genre, et d'une autre part, doit satisfaire à tous les besoins, à toutes les exigences; puisque dans cette concordance les artistes trouveront, non seulement autant de célérité et d'exactitude que dans mon premier procédé, dont on ne saurait toutefois contester l'exactitude, mais encore une facilité à calculer, facilité qu'ils ne peuvent jamais espérer de la mesure, jusqu'ici connue sous le nom de mesure métrique (ou centimètre), et que comme telle on leur a fait substituer mal-à-propos à la mesure de papier, parce que la division qu'exigent les grosseurs du corps devient très difficultueuse, et reste toujours imparfaite.

La mesure que j'annonce ici me paraît la seule et véritable mesure métrique, c'est-à-dire celle qui est réellement propre à l'art du tailleur, et à laquelle aucune autre ne saurait être comparée.

§. 2. — *Explications et développements.*

Pour s'éviter la peine d'établir autant de mesures que l'on peut avoir d'habits à couper, il faudra, d'avance, en préparer autant qu'il peut se trouver de grosseurs à rapporter dans les diverses coupes d'habillement. Ces diverses mesures paraissent généralement se renfermer assez entre *vingt-cinq* et *soixante* centimètres, et n'ont besoin de marque que la grosseur du haut du corps, que l'on divise comme il est dit à la troisième section, premier paragraphe.

Cette division étant opérée, il est utile, pour ne pas faire d'erreur, de marquer chaque fraction par le chiffre qui doit l'exprimer; par exemple : le quart, par 1/4; le tiers, par 1/3; le sixième, par 1/6, etc., etc., etc.

Il faut ensuite compter et marquer par centimètre la distance qui existe du tiers au cinq douzièmes, en commençant depuis le tiers, et employer le même moyen sur chaque côté de la grosseur du haut du corps, en commençant à compter depuis cette même grosseur jusqu'au point où peut arriver la grosseur du bas.

Mais, pour prétendre à toute exactitude possible, il devient nécessaire de diviser chaque centimètre en quatre parties égales, au moyen de petits traits placés de distance en distance, et distincts, en observant toutefois qu'il faut figurer au moins jusqu'au milieu de la mesure le trait qui est le signe du centimètre, représenter plus court celui qui doit en désigner la moitié, et figurer plus court encore celui qui n'en doit exprimer que le quart.

Ainsi, à partir de chacun des côtés formés par la demi-grosseur du haut du corps, il faudra, pour trouver la demi-grosseur du bas, marquer des demi-centimètres, et diviser ces demi-centimètres pareillement comme les centimètres, c'est-à-dire par moitié et par quart.

C'est ainsi que l'on peut avoir à sa disposition des mesures généralement préparées pour toutes les grosseurs et toutes les tenues du corps.

Essayons, en peu de mots, de faire une juste application de la nouvelle mesure métrique; mais ne perdons pas de vue que, pour couper un habit, n'importe sa forme, il faut assortir la mesure à la grosseur du haut du corps.

S'agit-il, par exemple, d'un habit pour lequel la grosseur du haut du corps est de 48 centimètres, celle du bas 42, et dont la largeur de la poitrine est de 18 centimètres?

Prenez la mesure qui présente 48 centimètres (la division en est toute faite), appliquez la mesure métrique (ou le centimètre) sur cette mesure, et vous verrez promptement qu'il en résulte d'abord que la largeur de la poitrine, qui est de 18 centimètres, correspond à 2, entre le tiers et les cinq douzièmes; il en résulte ensuite que la grosseur du bas du corps tombera sur 6, et que par là, vous connaîtrez de suite quelle est la distance à ajouter en bas D; que la largeur de la poitrine tombe sur le 2 entre le tiers et le cinq douzièmes, qui correspondent encore à 2 en dedans de la grosseur du haut, et que la grosseur du bas correspondra à 6, d'où vous pourrez assurément conclure que c'est la distance qui se trouve de 2 à 6, ou 4 centimètres, que vous devez ajouter en bas D pour l'aplomb de l'habit. La grosseur du bas correspondant à 6, il est certain que la demi-grosseur correspond aussi à 6 (près des cinq douzièmes).

Supposons maintenant qu'il faille habiller une autre personne dont la grosseur du haut du corps comporte 48 centimètres, celle du bas 54 c., et la largeur de la poitrine 19 c.

De la combinaison de la mesure, il résultera aussi que la poitrine tombera sur 3, la grosseur du bas sur 6 en dehors de la grosseur du haut, et qu'ainsi vous aurez pour hausser l'épaulette la distance qui se trouve de 3 au 1/3, pour avancer l'épaulette et baisser la pointe de la manche; celle comprise de 3 au 5/12, et que vous aurez à y ajouter en bas D l'espace qui se voit de 3 en dedans de la grosseur du haut jusqu'à 6 en dehors, ou 9 centimètres. Mais, comme la grosseur du bas du corps l'emporte ici sur la largeur de la poitrine, il faudra nécessairement doubler cette distance à D en bas, c'est-à-dire, qu'au lieu de 9 centimètres, il en faudra ajouter 18.

Il est aisé de concevoir par cet aperçu, qu'une mesure composée d'avance comme je l'enseigne, doit parfaitement représenter par des expressions métriques toutes les grosseurs et tenues que comporte l'habillement; ainsi, la même mesure servira pour un corps voûté ou renversé, plus gros du haut que du bas, ou plus gros du bas que du haut.

Cette nouvelle mesure métrique est sans contredit la meilleure sous tous les rapports, mais elle paraît encore difficultueuse à quelques artistes; il leur suffira d'opérer, pour juger d'abord de son extrême facilité, et pour comprendre ensuite tous les avantages qui la distinguent et doivent la faire préférer à toutes autres.

REMARQUE.

Il y a encore quelques instructions particulières qu'il est nécessaire d'étudier, parce qu'elles servent de complément aux principes que je viens de développer sur la mesure.

Je produirai ces instructions isolées en indiquant les différents vêtements auxquels se rattache l'application des principes qu'elles contiennent; mais comme, pour les bien saisir, il est utile de connaître comment il faut procéder dans les huit cas que présente alternativement la conformation du corps humain, je vais le démontrer dans le second chapitre, applicable aux différentes conformations ou tenues du corps; dans le troisième, je donnerai les instructions détachées qui font l'objet de cette remarque.

CHAPITRE II.

CONFORMATION ET TENUE DU CORPS.

PREMIÈRE SECTION.

Observation générale.

Il n'est pas rare, parmi les tailleurs, d'en trouver qui ne croient pas, et d'autres qui croient difficilement que l'on peut distinguer par la mesure les proportions extérieures du corps, c'est-à-dire reconnaître si l'homme a le corps droit, voûté ou renversé; s'il a les épaules et la poitrine rondes ou plates, le dos cambré ou voûté, les flancs creux ou remplis, le ventre bombé ou plat, les omoplates et les hanches effacées ou saillantes. Pourquoi? parce que partout on trouve peu de personnes naturellement disposées à croire ce qu'elles ne comprennent pas, ou ce qu'elles conçoivent difficilement : mais l'on en trouve encore d'autres qui, quelle que puisse être leur conviction, contestent et dénient les meilleurs résultats pour satisfaire à l'orgueil qui les pousse à parler contre l'évidence.

Quoi qu'il en soit, toutes ces contestations sont des débats de circonstance qui ont leur source dans le variable et vicieux système des routines, mis en pratique par les tailleurs depuis l'antique origine du l'art, et servent à nous faire juger des besoins généralement sentis de posséder les principes invariables, au moyen desquels on peut tailler des vêtements pour toutes les conformations du corps humain.

En effet, on ne saurait le nier, toutes les fois qu'il s'est agi, avant qu'on sût distinguer par la mesure les différentes conformations humaines, de couper un habit ou un vêtement quelconque dont on n'avait pas pris soi-même la mesure, on s'est trouvé dans la nécessité de recourir à des questions ou des notes sur la stature des diverses proportions extérieures du corps de la personne, afin de l'habiller autant convenablement que possible; mais désormais ces différentes précautions seront tout-à-fait inutiles, quand on aura sérieusement étudié les principes qui font l'objet de ce chapitre.

En règle générale, c'est la distance qu'il y a de la poitrine au tiers qui donne, conformément à la structure du corps, la longueur du dos et des épaulettes; et c'est aussi la comparaison de cette distance avec la largeur du haut et du bas du corps qui doit déterminer la pente des basques, de telle sorte qu'elles ne puissent ni s'écarter ni se croiser trop.

Comme on le voit, il est essentiellement important de distinguer par la seule inspection de la mesure les proportions extérieures du corps : cette connaissance, d'ailleurs, n'est pas autant difficile à acquérir qu'on pourrait se l'imaginer.

Maintenant, pour démontrer ce que j'ai avancé, il me suffit de classer les divers éléments de cette instruction, et de les développer en déclinant, avec clarté et concision, les cas, les raisons et les moyens qui déterminent les variations de la coupe, sans néanmoins rien changer aux principes exacts dont elle se compose.

DEUXIÈME SECTION.

LES HUIT CAS,

OU MANIÈRE DE PROCÉDER à *D*.

PLANCHE 1.re

§ 1.er — *Remarque préliminaire.*

Il y a d'abord une observation générale à faire sur ce que l'on doit ajouter à D, ou la distance qu'il faut connaître, pour déterminer la pente des basques de l'habit, qui varie d'après la conformation de l'homme. C'est que la poitrine la plus large peut arriver aux cinq douzièmes, et la poitrine la plus étroite au tiers, sans que ni l'une ni l'autre puissent outre-passer leur chiffre reconnu.

Ensuite, pour remédier d'avance aux diverses difficultés qui proviendraient de l'oubli ou du doute, et qui, relativement à la connaissance raisonnée de la mesure, seraient plus tard de nature à embarrasser certains élèves, j'ai jugé fort utile de figurer sur un tableau les huit cas ou différences de conformation, que je vais développer de telle sorte qu'un léger examen puisse suffire pour n'être jamais et aucunement embarrassé.

§ 2. — *Classification des divers cas de conformation.*

Ici, je dois faire observer que, dans tous les cas, il faut plier la mesure de manière que le tiers se trouve sur la grosseur du haut du corps, et faire une croix vis-à-vis de la largeur de la poitrine : la largeur du bas du corps détermine le reste, comme nous allons le voir dans la classification suivante.

PREMIER CAS.

Si la distance de la poitrine au tiers est égale à la distance de la grosseur du haut et du bas du corps :

C'est le signe auquel on reconnaît que la personne est d'une bonne conformation, qu'elle a le corps droit et d'aplomb.

Alors c'est la moitié de la grosseur du haut qu'il faut donner de C à D, sans y rien ajouter.

DEUXIÈME CAS.

Si le bas du corps se trouve assez moindre du haut, et qu'il y ait aussi une assez grande distance entre le tiers et la poitrine :

C'est une preuve que la personne se tient renversée, a les flancs et le dos creux, les omoplates effacées, les hanches saillantes, la poitrine ronde et bonne, la respiration longue.

Alors il faut ajouter à D en bas une fois la distance qui se trouve depuis la croix jusqu'à la grosseur du bas, puis, sur le point indicatif de cette grosseur, faire une marque pour tracer la ligne qui doit occuper toute la longueur de l'habit.

TROISIÈME CAS.

Si la personne a le corps extraordinairement plus mince du bas que du haut, et que, de la croix à la largeur du bas, il y ait une distance tellement grande qu'elle excède deux fois celle qui se trouve de la poitrine au tiers :

Il faut en conclure que la personne est d'une structure courbée, qu'elle a le ventre plat, les flancs serrés, les hanches et les omoplates saillantes, la poitrine ronde, les épaules effacées et basses, l'entr'épaule creux et le cou allongé.

Alors, il faut ajouter à D le double seulement de la distance que l'on voit de la poitrine au tiers, ce qui est indiqué par deux points placés au-dessous de deux demi-cercles ponctués; on doit aussi remonter l'encolure par derrière à une hauteur qui excède celle de la mesure, ce qui est également indiqué par des points à l'encolure de l'habit. (Planche III, figure 1.)

QUATRIÈME CAS.

Mais si chez les personnes qui sont beaucoup plus minces du bas que du haut, on remarque que la poitrine tombe au tiers :

Cela dénote trop souvent qu'elles n'ont qu'une faible santé, qu'elles ont le dos rond en haut et en bas, le ventre plat, la poitrine très serrée, les omoplates et les hanches saillantes, les flancs creux, et qu'elles baissent plus ou moins la tête en marchant.

Pour cette conformation (rare à la vérité et qui fait ici exception), il faut donner de C à D la moitié de la grosseur du haut sans y rien ajouter, puis arrondir le dessus du dos, et baisser un peu l'épaulette. (Planche VIII, figure 1.)

CINQUIÈME CAS.

Pour d'autres personnes, la grosseur du bas du corps diffère peu de celle du haut, et s'il y a au contraire de la poitrine au tiers une forte distance :

C'est que ces personnes-là sont généralement un peu cambrées, ont les flancs remplis, la poitrine un peu plate, mais bonne; les hanches et les omoplates peu saillantes, le port droit, et néanmoins le ventre un peu bombé.

Cette conformation exige que l'on ajoute à D le double de la distance qui se trouve depuis la croix jusqu'à la grosseur du bas, comme il est indiqué par des demi-cercles ponctués.

SIXIÈME CAS.

Si la personne a le bas du corps d'une grosseur égale à celle du haut, et si, comme dans le cas précédent, il y a de la poitrine au tiers une grande distance :

On peut juger par là qu'elle a l'entr'épaule creux, le dessus supérieur des côtés vide, les omoplates et les hanches saillantes, le creux de l'estomac charnu, la poitrine plate, mais bonne; qu'elle est cambrée, et porte aussi le ventre en avant.

Alors il faut également ajouter à D deux fois la distance qu'il y a de la croix à la grosseur du bas du corps.

SEPTIÈME CAS.

Si le bas du corps d'une personne l'emporte de beaucoup en grosseur sur le haut, et s'il se trouve encore une forte distance de la poitrine au tiers:

On doit en inférer que cette personne a le creux de l'estomac bien formé, la poitrine ronde et très peu saillante, les hanches et les omoplates effacées, le dos creux et cambré, le dessus supérieur des côtés vides, et qu'elle porte encore le ventre en avant.

Alors, comme pour les cinquième et sixième cas, il faut ajouter à D deux fois la distance qu'il y a de la croix à la grosseur du bas du corps.

HUITIÈME CAS.

Enfin, si la personne a le bas du corps plus gros que le haut, et si la poitrine tombe au tiers :

C'est que la personne est d'une conformation courbée, qu'elle a le ventre effacé, le dos rond entre les épaules et sur la taille, les côtes garnies, les hanches fortes sans être saillantes, les épaules élevées, et la poitrine plate.

Et dès-lors, comme la poitrine tombe en même temps que le tiers, vis-à-vis de la grosseur du haut, il faut, en l'ajoutant à D, doubler la distance qui se trouve entre le haut (c'est la place que devrait occuper la croix) et le bas du corps.

Ainsi, quel que soit le cas, quelle que soit la distance (petite ou grande) qui puisse se trouver entre la poitrine et le tiers, il faut opérer ponctuellement d'après les indications de la mesure.

§ 3. — *Résumé.*

Tous ces différents cas (le quatrième excepté) peuvent encore se rapporter à deux principes, mais toujours, comme il est dit à la fin de la remarque préliminaire, en plaçant préalablement le tiers contre la grosseur du haut du corps, et en faisant une croix, ou toute autre marque, vis-à-vis de la poitrine, savoir :

Si la largeur du bas du corps est moindre que la marque (ou croix) qu'a produite la largeur de la poitrine, on n'ajoute à D qu'une fois la distance comprise depuis la croix jusqu'à la grosseur du bas (*V.* 2.me cas.), pourvu que la largeur du bas ne dépasse pas la croix deux fois la distance qui se trouve de la poitrine au tiers, comme au troisième cas; et, dans ce troisième cas, on ne peut donner que deux fois la distance de la poitrine au tiers.

Mais, dans le cas contraire, c'est-à-dire si la grosseur du bas excède celle qu'indique la croix, on doit ajouter deux fois à D la distance qui se trouve entre la croix et la grosseur du bas du corps.

DEUXIÈME PARTIE.

CHAPITRE I.

MODÈLE-PRINCIPE

OU PRINCIPES GÉNÉRAUX DE LA COUPE DES HABITS.

PLANCHE II. — FIGURE I ET II.

Pour apprendre à bien tracer un habit, il est bon, avant cette opération, de comparer les divers modèles : on reconnaîtra plus facilement que le tiers de la grosseur du haut du corps donne l'encolure, et que les deux tiers déterminent le bas de l'emmanchure pour l'homme replet, pour l'homme d'une grosseur ordinaire, et pour l'homme très maigre. On s'assurera également que la moitié sert à établir la pointe C sur le devant des manches et régler la pente des basques de telle sorte que l'habit ait une chute directe et convenable.

Ce modèle-principe (Pl. I, fig. 1.) est dessiné d'après une conformation semblable du premier cas de la première planche, où l'on voit qu'il n'y a rien à ajouter à D, et que la ligne verticale qu'occupe toute la longueur de l'habit est tirée sur la demi-grosseur du bas (ou l'étoile), et à D sur la demi-grosseur du haut, c'est-à-dire demi-grosseur du haut de C à D.

Il est nécessaire d'étudier avec attention la signification et la place de chacune des lettres figurées sur le dessin qui nous occupe, afin de ne dessiner la coupe qu'au fur et à mesure que l'on a suffisamment saisi les principes qui résultent des diverses proportions que ces lettres sont appelées à représenter par leur position respective, dont la distance, de la plupart des proportions, est autant que possible exprimée par des chiffres.

J'ai dû présenter d'abord ce modèle-principe, qui représente exactement le profil, parce qu'il reste tout-à-fait invariable, nonobstant la mode et les diverses fantaisies applicables à l'habillement. Toute la variation qu'il comporte consiste dans la partie de l'emmanchure selon la conformation de l'homme : en l'avançant quand le corps est voûté, en le reculant quand le corps est renversé.

On trouve, selon la conformation de l'homme, la même variation à la ligne transversale; elle s'élève pour allonger les épaulettes, quand l'homme porte le corps renversé, et elle se baisse pour raccourcir l'épaulette pour un corps voûté, sans néanmoins conserver le profil de l'habit.

Pour connaître la variation que peuvent produire les

modes ou les fantaisies dans l'intérieur de ce dessin, sans qu'ils ne puissent rien changer au profil, supposons que l'on ait donné à plusieurs dos les diverses formes qui convenaient à chacun : prenez-en un au hasard et placez-le sur ce modèle; vous verrez que le devant prendra la forme analogue à celle que vous avez donnée à ce dos. (Voir toutes les planches qui présentent l'habit, particulièrement pl. XLIII.)

Il est constant que les devants et les manches perdent tout ce qu'on laisse gagner au dos, et *vice versa*, tellement que plus la carrure d'un dos est large, plus l'emmanchure présente d'ovale et se referme; tandis que plus cette carrure se trouve étroite, plus l'emmanchure reste ouverte.

Pour tracer un habit, il est encore bon de raisonner rapidement tous les détails de l'opération et de se rendre compte des différentes coupes de dos représenté sur la planche XLIII. On verra que le modèle présente les proportions principales en harmonie avec la conformation du corps, et que loin d'être une instruction peu importante, on doit au contraire le consulter avec la plus grande attention.

Pour tracer un habit, il ne faut qu'une règle et une équerre; peu importe la forme qu'ait cette équerre, mais il est plus commode d'en employer une qui ait la forme d'un T allongé comme on peut le voir sur la planche II, figure 3.

CHAPITRE I.

PREMIÈRE SECTION.

COUPE D'HABIT.

PLANCHE III.

Les explications des principes généraux formant la matière de ce chapitre, et quelques autres étant renfermées dans ce qui suit, nous passerons de suite aux développements détaillés de l'opération.

On pose d'abord l'étoffe devant soi, de manière à voir le poil aller de gauche à droite (position qui est précisément celle de l'étoffe quand on la brosse), ou encore de droite à gauche, s'il arrive que cela convient mieux.

Si l'on n'a qu'une bien juste quantité de drap, il faut couper un dos en papier; mais dans le cas contraire, on doit prendre le dos au pli du drap, comme étant le meilleur morceau de l'étoffe.

Ensuite, on place la longueur de l'habit C au bas du drap, on marque la longueur du dos à l'encolure A et la taille B, et l'on fait une échancrure de A à B pour former le cran.

Alors, il faut laisser la mesure sur le dos et marquer la place ou la manche doit s'adapter; cette place varie, elle monte ou descend selon la largeur des carrures et la tenue du corps; celles qui ont un tiers et un vingt-quatrième de large demandent que la place de la couture des manches soit mise à un vingt-quatrième au-dessus du tiers, qui devient le point variable d'emmanchure, puisqu'il peut s'élever jusqu'à un huitième sur la hauteur du dos A.

On peut s'en assurer en tenant le bras presque horizontalement; alors, en examinant la direction que prend sur le dos la couture de la manche, on voit qu'elle prend la direction d'un huitième du haut du dos; dès-lors on peut dessiner le dos selon la mode ou le goût de la personne que l'on doit habiller *.

Cela fait, il faut retourner le drap et prendre des devants à côté de l'endroit où l'on a pris le dos; cette précaution est nécessaire pour empêcher que l'habit présente

* Ici l'usage et la mode peuvent guider les tailleurs; mais avant tout, ils doivent se conformer aux principes invariables, dont l'exécution applanit toutes les difficultés. se croire affranchi par la mode ou la fantaisie, c'est courir le risque de commettre de graves erreurs; aussi, parmi les tailleurs dont les opérations ne sont que le résultat de différentes routines, n'est-il pas rare d'en trouver pour qui le changement de la largeur du dos devient un sérieux et parfois un inextricable embarras.

plusieurs nuances; d'ailleurs, comme les bords du drap en sont presque toujours ou de moindre qualité, ou de moins belle apparence, il est tout naturel de réserver cette étoffe pour les doublures, qui sont les parties les moins visibles de l'habit.

Il est à remarquer que, pour mettre le tracé des devants en harmonie avec celui du dos, il y a quatre lignes principales à figurer.

Ainsi, on tire d'abord une ligne perpendiculaire jusqu'au creux des flancs, pour indiquer les plis des devants; voilà la première ligne.

Alors, on pose la longueur de l'habit C au bas de la ligne, on marque la taille B, puis pour obtenir les dimensions de la taille, on ôte à la mesure la largeur du dos; ensuite on pose la mesure contre la première ligne, c'est-à-dire au creux des flancs, et un peu plus haut que la taille, et l'on marque : 1.° la largeur du ventre de H à H; 2.° la moitié de cette largeur au milieu des devants, où pour marque, on fera par exemple une croix ou étoile; maintenant, et sans perdre ce signe de vue, il faut retrancher de la mesure la largeur inférieure des basques du dos, composée de trois parties, dont on ne doit compter ici que celles indiquées par de petits points (Planche III, figure 2.); car, l'une qui dépasse ces points devient l'indication du cran, tandis que l'autre est l'indication du pli; puis, posant la mesure contre la première ligne à C en bas, on fait une marque à D sur la demi-largeur du haut, en y ajoutant ce que la mesure exige, conformément aux principes développés pour les huit cas de la conformation de l'homme. Il faut poser ensuite la règle sur la marque qui vient d'être ajoutée à D, sur la croix ou l'étoile figurée au milieu des devants, et, de ce point jusqu'à l'extrémité de la hauteur de l'habit, on trace une ligne qui est la deuxième.

Alors, on place le dos à peu près comme il devra l'être, mais, pour mieux réussir, on met la taille du dos sur la première ligne, c'est-à-dire dans le creux des flancs et sur la taille des devants, et l'on recule la partie supérieure du dos jusqu'à ce que l'on ait obtenu deux tiers francs depuis son milieu jusqu'à la deuxième ligne; sans néanmoins tracer la couture des côtés, comme cela se pratique fréquemment, puisque le dos n'est pas encore à sa véritable place; après cela il faut placer le bout de la mesure au-dessus du dos A, et de là au milieu de devant ou à la croix, tenir la mesure sur ce dernier point et en porter le bout jusque sur la deuxième ligne a, puis abandonner la mesure au milieu des devants pour la tenir en haut, au douzième, point sur lequel on pivote en donnant à la mesure une position transversale; ensuite, mais en laissant toujours le douzième sur cette ligne, on fait une marque au quart O, dont on obtient ainsi un sixième. On pose donc la règle les points O et H et l'on tire une ligne oblique qui est la troisième ligne.

Cette opération terminée, on marque la largeur du haut pour fixer le dos, ayant grand soin que le dos rentre sur la taille depuis le creux des flancs, comme on peut le voir sur tous les modèles, et l'on figure la couture des côtés en suivant régulièrement la forme latérale du dos, qui, cette fois, est définitivement à sa place.

Dès-lors, il s'agit de trouver la longueur des épaulettes.

A cet effet, on pose le bout de la mesure au haut du dos A ou du chiffre 1 (on peut employer l'un ou l'autre signe), et on la place sur le milieu des devants à la croix; là, on pivote, et portant la mesure sur la deuxième ligne, on fait une marque à son extrémité 2; on retient encore la mesure au milieu des devants pour en porter le bout en dehors de la troisième ligne, de manière à y faire tomber les cinq douzièmes, et on fait aussi une marque au bout de la mesure au chiffre 3; ensuite on ajoute sur les marques 2 et 3 la distance quelle qu'elle soit, petite ou grande, qui se trouve entre le tiers et la largeur de la poitrine; bien entendu toutefois que s'il n'en existait pas, c'est-à-dire si cette largeur était déterminée précisément par le tiers, il n'y aurait rien à ajouter, par la raison déjà connue que la personne aurait le corps voûté, et qu'en ce cas il faut une courte épaulette.

On pose donc la règle sur ces deux derniers points, et l'on tire une ligne transversale qui est la quatrième et dernière ligne.

Alors on pose le bout, la mesure contre la quatrième ligne, puis on la descend sur la troisième, et on marque un tiers de L à K (c'est la mesure juste pour tout vêtement boutonné jusqu'au col); on donne de E à M les deux tiers francs, et, comme l'on perd deux coutures sur les épaules, c'est nécessairement le point M qui doit en rendre plus bas la valeur, afin que l'habit étant confectionné, on puisse précisément reconnaître ces deux tiers de E à M, d'où l'on doit tirer jusqu'à la couture des côtes une ligne qui fasse équerre avec la deuxième ligne.

Pour marquer la longueur des revers, posez le bout de la mesure à E contre la quatrième ligne, et descendez-la immédiatement jusqu'à la longueur des revers F; là faites une marque, sur laquelle il faut tirer une ligne transversale, qui fasse équerre avec la deuxième ligne.

On marque ensuite la largeur de la poitrine, et l'on prend le milieu qui se trouve entre elle et le tiers, pour le poser sur la troisième ligne J, comme l'indique la figure 1 de la planche III; alors le bout de la mesure donnera l'emmanchure, et la moitié de la grosseur du haut donnera la rondeur nécessaire aux devants pour les vêtements garnis, tels que l'uniforme. Il est bon de faire connaître que l'emmanchure varie à la deuxième ligne, ou elle n'y arrive pas; c'est le cas des conformations renversées. (Pl. III, IV, V, VI, VII, et XI, figure 1.re; pl. X où l'emmanchure arrive juste à la deuxième ligne, et pl. VIII, figure 1.re, où l'emmanchure, dépassant la ligne, marque une conformation voûtée.)

A présent, il faut poser le dos à l'angle que forment les deuxième et quatrième lignes, dessiner la couture de l'épaulette d'après la forme du dos, et régler les épaulettes suivant la conformation de la personne; d'où il suit qu'un corps renversé exige une épaulette longue et renversée, et qu'un corps voûté doit avoir une épaulette plus droite et plus courte.

En conséquence, on avance l'épaulette à l'encolure de la distance qu'il y a entre les cinq douzièmes et la largeur de la poitrine, et l'on retranche la valeur de cette distance du côté de l'emmanchure : si la mesure exige que l'on avance beaucoup l'épaulette, on devra baisser un peu l'épaulette à l'encolure et même arrondir légèrement le dos. (Planche VIII, fig. 1.)

Pour faire joindre l'habit aux côtés et sur la taille, il faut échancrer un peu les devants à la couture des côtés, à commencer depuis la taille pour la terminer en mourant à la ligne de dessous le bras; il faut en faire autant au-dessus de cette ligne, à l'emmanchure, et arrondir ensuite l'encolure et l'emmanchure, de façon que le contour de l'emmanchure des devants suive régulièrement la forme du dos; par devant, depuis le bas de l'emmanchure, on marque un douzième qui montre où la manche doit s'adapter.

Alors, on met un ruban dans l'encolure afin de conserver à l'habit la bonne forme qu'on lui a donnée, en remarquant toutefois qu'il ne faut point le serrer pour les conformations renversées, et le serrer un peu dans le cas contraire; on le conçoit, l'encolure ne doit pas être étirée; mais si, au mépris de ce principe, on voulait absolument l'étirer, il n'y aurait pas d'autre moyen que celui d'avancer et d'abattre l'épaulette, ce qui ne l'empêcherait pas de revenir bientôt au même état; car, du reste, loin d'atteindre par-là un but utile, on court le risque de fournir à la poitrine, du côté de l'emmanchure, un excédant de largeur qui peut produire des plis depuis le dessous des bras jusqu'à la couture des côtes.

Pour arrondir les devants sur la poitrine, il faut consulter la mode ou le goût de la personne, et, à cet effet, on avance les devants à l'encolure K d'un peu plus ou d'un peu moins d'un huitième, mais pour tout vêtement boutonné jusqu'au col, on fait bien de les avancer d'un douzième.

Il est nécessaire de faire un *suçon* aux devants sur la taille, mais il faut remarquer que, si vous échancrez beaucoup le corsage, il faudra laisser de la rondeur au *suçon* des basques, car, sans cette précaution, les plis de chaque basque feraient remonter le corsage sur la taille, produiraient des fronces sur le dos (comme on le voit trop fréquemment), et auraient encore le grave inconvénient de chasser les basques de manière à les faire croiser beaucoup trop.

Si la personne est beaucoup plus mince du bas que du haut, et si, de la poitrine au tiers la distance est grande, ce qui annonce une poitrine très bombée, les hanches ainsi que la partie qui les avoisine fort saillantes, cette conformation fait rentrer beaucoup le dos dans les devants à la taille; dans ce cas, il faut ôter peu aux devants à la couture du côté sur la taille; mais pour emboîter convenablement la poitrine, il faut laisser de l'étoffe sur la poitrine jusqu'à l'encolure, et serrer les devants au bas de la taille F; ensuite, pour ôter l'excédant de largeur qui se trouve au haut des devants et pour le porter à l'endroit où la poitrine est le plus bombée, on doit faire un suçon à l'encolure, et encore faire emboire le devant contre le revers (ou l'anglaise), de cette manière, la poitrine se trouve parfaitement emboîtée, et l'habit touche aussi bien au cou par devant qu'en dessous de la poitrine. Ces détails essentiels sont marqués par des lignes ponctuées. (Pl. III, fig. 1, et pl. VII, fig. 1.)

Ici, il est également utile de donner de la rondeur au pli des devants; mais, autant on aura fait sortir le pli au milieu, autant il faudra rentrer les devants en bas C de la ligne droite déjà tracée : ensuite, on serre cette rondeur au moyen d'un liseré de soie rabattu exactement et à petits points dans le fond du pli, pour le dresser convenablement et le faire rentrer au moyen du carreau; car, sans cette précaution, le pli reprendrait sa forme première, c'est-à-dire qu'il se relâcherait et produirait un très mauvais effet.

Maintenant on peut dessiner le reste d'après la mode ou le goût de la personne; car il n'y a pas plus de règle pour fixer l'échancrure des devants, qu'il n'y en a pour déterminer la largeur des basques : cependant toutes les fois qu'on est tenu de consulter la mode ou la fantaisie de quelqu'un, il devient sans contredit fort utile de se guider par des valeurs, telles que le quart, le tiers, etc, qui nécessitent alors, quoique indirectement, l'application des principes issus des proportions du corps.

DEUXIÈME SECTION.

MANCHES A DEUX COUTURES.

PLANCHE III. — FIGURE 3.

§ 1.er — *Observations préliminaires.*

Je ne donne ici que cette espèce de manches, attendu que mon but est de n'attirer l'attention sur cette matière qu'au fur et à mesure qu'elle assortit le genre d'habillement d'une manière toute spéciale.

Toutefois, je ferai observer que cette espèce de manches peut, sans inconvénient, s'adapter à tous les vêtements imaginables du haut du corps, mais qu'elle convient plus particulièrement aux habits; qu'au contraire, les manches uni-couture ne s'adaptent pas avantageusement à tous les vêtements.

C'est pourquoi j'ai jugé à propos de classer les développements des différentes façons de manches selon l'ordre des vêtements auxquels elles sont propres.

§ 2. — *Développement.*

Il faut d'abord tracer une ligne perpendiculaire pour la couture de derrière, et poser la mesure en haut en laissant dépasser la largeur de carrure de A à B, et faire une marque sur la moitié de la grosseur du haut, l'étoile; il faut ensuite tracer une ligne transversale sur la manche, de l'étoile jusqu'à O, marquer le coude D, puis la longueur totale E : on donne pour largeur, en haut (sur la ligne transversale), la moitié da la largeur du haut, moins un vingt-quatrième; au coude, un tiers franc; au bas, un quart faible; et pour le courbe, en bas, le quart peut nous guider, savoir : quart faible pour les personnes replètes et un quart fort pour les personnes maigres. A la couture du derrière, en haut, on diminue le dessous de la manche d'un vingt-quatrième, pour qu'il n'y ait pas trop de largeur à l'emmanchure; alors on descend la pointe en haut par devant O, la valeur moitié de la distance qu'il y a entre les cinq douzièmes et la poitrine; car ici, c'est cette distance qui sert de règle pour l'homme qui se tient renversé comme pour celui qui se tient courbé; enfin, on partage le dessous de manche par moitié, et l'on y fait une échancrure qui sert à avertir l'ouvrier qu'il ne doit plus y toucher.

TROISIÈME SECTION.

FRAC OU UNIFORME.

PLANCHE IV.

L'UNIFORME, ou frac militaire, présente exactement les

mêmes proportions que l'habit, il est assujéti aux mêmes principes; toute la différence consiste dans la forme qui, sous le rapport de la coupe, le rend naturellement le vêtement principal.

On en règle le pli de manière à le faire tomber convenablement entre les deux retroussis : à cet effet, j'ai donné, sur le dessin, un quart de la grosseur du haut du corps à toute la largeur de la basque, c'est-à-dire, un huitième pour la basque du derrière, et un huitième aussi pour la basque du devant.

Partant de ce principe, il faut poser le bout de la mesure au bord de la basque du dos, et donner de C à D la moitié de la largeur du haut.

Quand cette moitié est marquée, il est nécessaire, surtout si l'on craint de commettre quelque erreur, de consulter les développements compris au ch. II, 2.e section.

Il ne faut, depuis la troisième ligne, avancer les devants en haut, à l'encolure, que d'un douzième; puis, arrondir le bord latéral des boutonnières et des boutons, et serrer ces bords au moyen d'un passement, jusqu'à ce qu'ils deviennent presque droits, et effacer cette embue sous le carreau avant d'y faire aucun autre travail.

C'est par cette manière d'opérer que l'on obtient une largeur pour la poitrine (sans y mettre beaucoup de garnitures), telle que l'on désire généralement.

On devra faire faire l'échancrure des devants sur la taille, telle qu'elle se trouve figurée sur le modèle, donner de la rondeur aux plis des devants pour qu'ils s'emboivent contre les basques du dos, et, du reste, suivre l'instruction qui fait l'objet du chapitre précédent.

QUATRIÈME SECTION.

HABIT.

PLANCHE V.

Pour un homme dont la partie inférieure du corps est plus grosse que la partie supérieure :

L'habit dont la coupe est développée dans la première section de ce chapitre doit, à la vérité, servir de règle pour tous les autres genres d'habits, et par conséquent pour la conformation même que je présente ici ; cependant, eu égard aux fréquentes erreurs dans lesquelles tombent beaucoup de tailleurs, en faisant le tracé ou la coupe de l'habit qui nous occupe présentement, j'ai jugé à propos de faire ici quelques succintes mais justes observations.

Les erreurs que commettent les tailleurs en pareil cas proviennent :

1.° De ce qu'ils donnent trop peu d'attention à ce qu'il faut ajouter à D, comme il est expliqué chapitre II, dans les 5.e, 6.e, 7.e et 8.e cas, et figuré sous les mêmes numéros, planche I.

2.° De ce que pour marquer la grosseur du ventre, ils placent toujours trop bas le point au milieu des devants, au lieu de le placer au creux des flancs, où est toujours sa place.

En effet, ce point, quand il est trop bas, rend l'épaulette trop courte, l'emmanchure trop basse, laisse trop de largeur au haut des devants sur les côtés, et rend le dos trop long.

Ainsi n'est-il pas rare de voir les tailleurs s'étonner de rencontrer ordinairement dans leur coupe une petite emmanchure à cette sorte d'habit; dans leur embarras, ils pensent remédier à ce qu'ils croient être un défaut de façon, en donnant à la largeur du haut un peu plus de largeur que la mesure n'en présente, et, sans s'en apercevoir de suite, ils achèvent ainsi de changer tout le système de l'habit.

C'est par la hauteur donnée à la pointe de l'emmanchure des devants qu'il est ordinairement facile de reconnaître ces défauts.

Si cette pointe monte trop haut à l'emmanchure prise sur le côté, on peut être assuré que le point du milieu des devants est trop bas; et, en pareille circonstance, il vaut bien mieux faire un nouveau tracé des devants, que de chercher à le modifier par d'autres inexactitudes que l'on risquerait encore d'apercevoir trop tard.

Il est inutile, pour ce genre d'habit, de prolonger le suçon ou l'échancrure au-delà des pattes.

CINQUIÈME SECTION.

HABIT A LA FRANÇAISE.

PLANCHE VI.

Les principes de la coupe de cet habit sont les mêmes que ceux de l'habit qui précède, il ne diffère que dans la forme.

Il faut dessiner de point en point l'habit à la française comme l'habit civil; mais d'abord pour donner la rondeur de poitrine, il convient de faire aboutir jusqu'au bord du devant la ligne transversale qui détermine le bas de l'emmanchure; puis, pour établir la largeur de poitrine, on donne la moitié de la largeur du haut du corps, depuis M jusqu'à N, c'est-à-dire depuis l'espace compris entre le devant de l'emmanchure et le bord des devants de l'habit, comme l'indique la ligne transversale figurée de l'une à l'autre de ces deux lettres.

Et pour déterminer les devants, il faut d'abord régler leur partie supérieure à l'encolure, en donnant d'une étoile à l'autre un douzième de la grosseur du haut du corps, puis leur partie inférieure, à la taille de devant F, en donnant un sixième de cette grosseur; ce qui indique assez comment il convient de dégager l'habit pour en rendre la veste saillante, et laisser à la poignée de l'épée toute la place qui lui est reconnue nécessaire.

Comme on ne coupe pas transversalement (ou rarement) les devants de cet habit, de manière à les faire toucher au côté, il devient convenable de les échancrer à la couture de côté, comme l'indique le dessin, et d'étirer un peu les devants au creux des flancs ; de cette façon, l'habit à la française touche à la taille et aux côtés, aussi bien que ceux dont les devants sont transversalement taillés à cet effet.

Il est bon, en adaptant les pattes sur les devants, de les bâtir à plat; le peu de creux qu'elles ont à la couture produit un suçon et ôte le trop de longueur qui se trouve dans le côté tel qu'il est marqué par une ligne ponctuée d'une extrémité de la patte à l'autre.

SIXIÈME SECTION.

VESTE DE CHASSE.

PLANCHE COMPRISE DANS LES DESSINS DES HABITS.

La veste de chasse, dont les principes de coupe et de confection sont exactement les mêmes que ceux de l'habit, ne diffère, en général, de ce vêtement, ou du frac, que parce que les basques en sont beaucoup plus courtes.

Toutefois, je ferai observer que cette veste, qui présente beaucoup d'identité, tantôt avec l'habit et tantôt avec le frac, peut, comme *habit-veste*, recevoir indifféremment un collet à schall, collet droit, ou tout autre, des devants qui se croisent ou qui ne se croisent pas, et que sur la partie supérieure de chacun des devants, on peut encore ouvrir obliquement une poche qui, établie convenablement, si elle ne donne pas plus de grâce au vêtement, devient au moins d'une utilité réelle.

Il devient inutile de faire l'énumération de toutes les formes que ce vêtement est susceptible de recevoir.

Il suffit de se convaincre que, quelles que soient les modifications que l'on puisse apporter, dans la coupe ou la confection de l'habit-veste et du frac-veste, les principes sont toujours ceux de l'habit, et demeurent invariables.

SEPTIÈME SECTION.

COSTUMES DE COUR, DE BAL ET DE THÉATRE.

Les règles développées dans la seconde partie de ce Manuel sont applicables à tous les genres d'habits imaginables.

En conséquence, ceux des costumes de cour, de bal et de théâtre sont assujétis aux mêmes principes.

S'agit-il, par exemple, d'un habit de cour? Selon son genre, la coupe en est régie par les règles établies, soit pour l'habit à la française, soit pour le frac, soit pour l'habit civil, etc., etc.

Il en est de même pour tous les autres genres de costumes, et cette observation, insérée à la fin du chapitre des habits, est commune à tous les autres chapitres; c'est-à-dire, qu'il suffit à l'artiste de pouvoir distinguer avec lequel des vêtements dont la coupe est démontrée dans ce Manuel, l'habillement qu'il a à tailler présente le plus de connexité, pour qu'il reconnaisse aussitôt quelle est l'application des principes qui lui sont propres, sauf à consulter l'usage et à soigner avec goût tout ce qui se rattache aux modes, tout ce qui tient aux fantaisies.

Mais, bien qu'il en soit de même pour les vêtements de bal et de théâtre, il faut encore, outre la connaissance des principes applicables aux vêtements à établir, avoir certaines notions sur le rôle qu'a à remplir la personne que l'on doit costumer; savoir si le personnage qu'elle est appelée à représenter est un jeune homme ou un vieillard, s'il est froid ou passionné, savant ou ignorant, infirme ou vigoureux; à quelle nation, à quel ordre il appartient, le lieu et l'époque de la scène; car, en pareils cas, le tailleur, comme tout autre artiste, doit chercher à assortir, autant qu'il le peut, l'âge, le port, le caractère, les qualités, en un mot, tout ce qui caractérise le personnage dont il est question: on sait, par exemple, que s'il s'agit d'un jeune homme passionné d'amour, il lui faut un costume élégant et à la mode; d'un savant, un habillement d'une confection un peu négligée, mais bien étoffée, et dont la mode ait déjà vieillie, etc., etc.

CHAPITRE III.

PREMIÈRE SECTION.

REDINGOTE.

PLANCHE VII.

§ 1.er — *Observation préliminaire.*

La redingote, vaguement et vulgairement appelée *anglaise*, parce qu'elle tire son origine d'Angleterre, était primitivement surmontée d'une courte et simple pélerine, et, comme la redingote de chasse d'aujourd'hui, portait des devants que l'on boutonnait jusqu'au col au moyen d'une seule rangée de boutons et boutonnières : c'était une espèce de manteau à manches qu'inventèrent les Anglais, et qu'ils portaient en le nommant *ridinchood*, ou vêtement pour monter à cheval, d'où est advenu le mot redingote.

Si de nos jours ce vêtement est généralement en usage, c'est parce qu'il a reçu, en France, de bonnes et élégantes modifications.

Je n'ai représenté qu'une espèce de redingote dans le volume de planches, et cela suffit, parce que les principes de la coupe qu'elle comporte doivent servir pour toutes les autres. Comme on le verra, la coupe de la redingote diffère un peu de celle de l'habit, et, à cet égard, je dois faire remarquer d'abord qu'elle ne comporte que trois lignes principales pour mettre le tracé des devants en harmonie avec celui du dos, et qu'au lieu de commencer l'opération par le côté, il faut la commencer par la ligne de devant.

FIGURE I.

§ 2. — *Développement du corps de la Redingote.*

Il faut couper un dos en papier conformément aux règles présentées chapitre II pour la coupe de l'habit, par la raison que le dos de la redingote ne diffère en rien de celui de l'habit.

Dès-lors, on trace une ligne transversale à l'endroit où l'on sait qu'il convient de prendre les devants; on pose la taille du dos sur cette ligne, et on le place déjà à peu près comme il devra l'être définitivement; on marque un quart depuis le bord de l'étoffe et vis-à-vis de la carrure du dos, et, de ce quart jusqu'en bas, on tire une ligne oblique qui va aboutir à l'angle inférieur du devant de la taille ; c'est la première ligne.

En prenant cette ligne pour guide, on marque la grosseur du haut et du bas du corps, puis la moitié de la grosseur du bas, et l'on trace aussitôt la couture des côtés en suivant régulièrement la forme latérale du dos, qui déjà se trouve invariablement placé ; ensuite, on pose le bout de la mesure en haut du dos, au chiffre 1, pour la porter immédiatement sur le milieu des devants, à la croix où elle doit être tenue fixement : là, on pivote et l'on porte le bout de la mesure en haut, à un sixième de la première ligne : là, on pivote encore, on place le quart sur la même ligne, et on fait une marque au douzième. C'est en procédant ainsi, que l'on donne un sixième de 2 à 0, et, de ce point jusqu'au milieu des devants, on trace aussi une ligne perpendiculaire, qui est la seconde ligne.

Il s'agit maintenant de déterminer la position de l'épaulette. A cet effet, on pose la mesure en haut du dos 1 et sur le milieu des devants à la croix ; là, on pivote et portant la mesure sur la seconde ligne, on fait une marque à son extrémité 2 ; on retient encore la mesure au milieu des devants, pour en porter le bout en dehors de la première ligne, de manière à y faire tomber le cinq douzièmes, puis on fait encore à son extrémité une marque ou chiffre 3 ; ensuite on ajoute sur les marques 2 et 3 la distance quelle quelle soit (petite ou grande), qui se trouve entre le tiers et la largeur de la poitrine ; bien entendu que s'il n'y en avait pas, c'est-à-dire que si cette largeur tombait au tiers, il n'y aurait rien à ajouter sur 2 et 3; enfin, posant la règle sur les deux dernières marques, on tire encore une ligne transversale qui est la troisième et dernière ligne.

Alors on place le dos à l'angle formé par les deuxième et troisième lignes; on trace la couture de l'épaulette selon la forme du dos, puis on avance l'épaulette contre l'encolure de la distance qu'il y a entre la largeur de la poitrine et le cinq douzièmes; mais il faudra retrancher la valeur de cette distance du côté de l'emmanchure.

Ici, je ne puis m'empêcher de faire observer qu'il faut avoir grand soin en traçant la troisième ligne, en plaçant le dos et en coupant l'épaulette, de ne pas anticiper sur les marques ni sur les lignes; car, en opérant ainsi, on finirait peu à peu par avoir une épaulette trop courte; c'est un défaut que j'ai remarqué chez plusieurs artistes, et contre lequel il faut se tenir continuellement en garde.

Maintenant il faut marquer deux tiers pour le bas de l'emmanchure et un tiers pour l'encolure; pour marquer l'emmanchure par devant, il faut prendre le milieu de la distance qui se trouve entre le tiers et la largeur de la poitrine, pour le porter sur la première ligne; alors, comme il a déjà été dit ailleurs, le bout de la mesure vous donne l'emmanchure de devant et la moitié de la grosseur du haut du corps guide pour donner au devant la rondeur nécessaire pour la largeur de la poitrine.

Reste maintenant à arrondir l'encolure et l'emmanchure de façon que les contours suivent régulièrement la forme du dos, à faire aux devants, dans les côtés, une échancrure qui aille, depuis la taille, se terminer en mourant jusqu'à la ligne tracée au-dessous de l'emmanchure; et à faire également en haut une échancrure qui, de cette ligne, aille se perdre à la pointe.

Enfin, on marque la longueur de la taille par devant, on arrondit le devant selon la mode ou le goût de la personne, et l'on fait à la taille, à travers les devants, l'échancrure nécessaire.

Les lignes ponctuées que l'on voit à la couture de côté, à la poitrine et le suçon à l'encolure, sont expliqués page 25 commençant par ces mots : *Si la personne*, etc.

JUPE DE LA REDINGOTE.

PLANCHE VII. — FIGURE 2.

La coupe des jupes de redingotes est sans contredit assujettie à des principes exacts comme toutes les autres pièces d'habillement; mais aussi il faut avouer qu'elle est, plus que beaucoup d'autres vêtements, passible des modes et des fantaisies.

J'ai donc senti la nécessité de donner ici pour exemple une jupe de redingote dont le développement de la coupe fût applicable à toutes les autres redingotes.

S'il s'agit d'une jupe à bord ouvert, il faut pour égaliser l'étoffe, tirer une ligne droite par devant, depuis le bas de la jupe jusqu'à la taille; mais si l'on veut réserver l'étoffe pour la garniture, il faut un peu éloigner cette ligne du bord, comme on le voit planche VII, figure 2.

D'abord, on marque la longueur de la jupe, et, sur cette ligne, on tire une transversale pour faire équerre avec celle de devant, puis y marquant un point à une distance assez éloignée du bord pour déterminer comment elle doit croiser, on part de ce point pour marquer la largeur de la taille de la jupe d'après la grosseur du bas du corps; ensuite, pour donner plus ou moins d'ampleur au bas de la jupe, on marque par derrière, au-dessus de la ligne transversale, un quart, un tiers, etc., selon la mode ou le goût de la personne; il faut bien remarquer que le nombre des tuyaux dépend du plus ou moins d'élévation que l'on donne aux côtés. Pour donner à la jupe une chute uniforme, on fait sur la taille une échancrure également arrondie, d'après laquelle on arrondit le bord inférieur; mais pour avoir une longueur égale au bas de la jupe, il est nécessaire de lui donner un peu plus de longueur au milieu, à la ligne inférieure; les hanches plus ou moins fortes exigent plus ou moins de longueur sur le côté; cela est indiqué par une ligne ponctuée au-dessous de la ligne circulaire au bord inférieur de la jupe.

DEUXIÈME SECTION.

POLONAISE.

PLANCHE VII.

La polonaise est une espèce de redingote droite; les devants ne portant ordinairement qu'une rangée de boutons et une rangée de boutonnières; le collet n'a pas non plus de forme déterminée, c'est-à-dire qu'il peut être droit, à schall, etc.

La polonaise est bordée d'une ganse plate, tantôt en soie et tantôt en poil de chèvre; on y adapte ordinairement des brandenbourgs; on l'embellit souvent de chamarrure, et lorsqu'elle doit faire partie d'un habillement d'hiver, on l'orne souvent encore de fourure pour compléter sa confection et lui donner plus d'éclat.

TROISIÈME SECTION.

MANCHES A LA POLONAISE, OU MANCHES UNI-COUTURE.

PLANCHE IX. — FIGURE I.

§ 1.er — *Observations préliminaires.*

Les manches uni-couture peuvent convenir à tous les

genres d'habit, mais elles assortissent surtout la polonaise et les habillements d'enfant; déjà dans notre siècle, elles ont été (peu de temps il est vrai) généralement adoptées; mais les tailleurs eux-mêmes, qui réussissaient rarement à les bien établir, ne négligèrent aucun moyen pour en faire passer la mode le plus tôt possible.

Toutefois, et en supposant que cette mode vînt à reparaître, je vais, dans des détails exacts, établir les règles nécessaires pour tailler les manches uni-couture, en faisant observer à mes lecteurs que c'est de la division de la grosseur du haut du corps que dépend la coupe de la manche uni-couture.

§ 2. — *Développement.*

A l'endroit de l'étoffe qui paraît le plus convenable pour prendre les manches, on trace d'abord une ligne perpendiculaire pour en indiquer la couture; puis, en haut, on trace une ligne transversale pour déterminer la hauteur de la manche. Ensuite, du bout de la couture O jusqu'à B, on marque un quart; là on arrondit le dessus de la manche comme tous les autres, on pose la mesure sur ce point, en laissant toutefois dépasser la largeur de carrure de A à B, on la descend jusqu'à E, qui indique la longueur totale de la manche.

Alors, on fait diverses marques, une vis-à-vis du coude D, une aux deux tiers G, une encore à la moitié de la grosseur du haut C, et depuis B on trace une ligne qui, par son obliquité, vient aboutir à l'angle inférieur E; ensuite de G à H, on trace une ligne transversale pour déterminer la pointe de dessus de manche, enfin de C jusqu'à I, on figure encore une ligne pour indiquer ce qu'il faut abattre du talon de la manche.

Maintenant, pour marquer la largeur de la partie supérieure de la manche, il faut poser sur le point I la largeur du haut du corps, puis porter le bout de la mesure sur H, et faire deux marques; l'une à l'extrémité et l'autre au douzième.

Dès-lors, de E à F, on donne la moitié pour la largeur de la partie inférieure de la manche, et de cette largeur on retranche un douzième du côté de dessus de manche, c'est-à-dire que l'on établit une échancrure qui, large d'abord d'un douzième à E, aille bientôt se perdre au coude D.

Ensuite on trace une ligne de F à H; mais cette ligne doit avoir un douzième de moins que celle figurée de E à I, afin que l'excédent que représente cette dernière ligne puisse s'emboire au coude D et lui donner la rondeur convenable.

Pour terminer, on arrondit la manche en haut, comme l'indique la figure 1.re, planche IX.

CHAPITRE IV.

PREMIÈRE SECTION.

CARMAGNOLE ET VESTE D'ENFANT.

PLANCHE VIII.

§ 1.er — *Observations préliminaires.*

Pour faire le tracé d'une carmagnole, soit qu'elle doive prendre la taille d'un enfant, soit qu'elle doive prendre celle d'une personne de taille ordinaire, il faut recourir aux principes établis pour dessiner la redingote; mais il est à observer que ces vêtements descendent plus bas que les hanches; ils deviennent par là difficultueux à les faire toucher dans les côtés et dans le dos, parce qu'on ne peut les couper sur la taille, comme d'autres vêtements, pour les échancrer.

VESTE POUR UNE STATURE ORDINAIRE,

MAIS D'UNE CONFORMATION VOUTÉE.

FIGURE 1.

Après avoir dessiné le corps de la veste d'après les règles de la redingote, on doit faire attention que, pour faire toucher ce vêtement dans le côté, il est nécessaire d'échancrer les devants à la couture de côté, au milieu, en commençant depuis la ligne transversale au bas de l'emmanchure jusqu'au creux des flancs, et, de là jusqu'au bas, faire dévier en arrière la ligne de la couture de devant, pour donner une largeur suffisante pour les hanches.

Il est bon, si l'étoffe le permet, de couper le devant un peu plus court que le dos, et d'étirer au moyen du carreau la partie de la couture de côté au creux des flancs, jusqu'à ce qu'il ait la longueur du dos, et d'étirer encore le bord inférieur à l'endroit des hanches, pour leur donner une largeur suffisante.

Il faut avoir soin surtout, en mettant les poches de côté, de faire monter la couture de la patte sur le corsage, tel qu'il est marqué sur la patte par des petits points, cela retire le trop de longueur qu'il y a toujours dans le côté.

VESTE D'ENFANT.

FIGURE 2.

La conformation des enfants est ordinairement cambrée et ventrue; elle occasionne une malfaçon que l'on rencontre plutôt aux vestes d'enfant qu'à tout autre vêtement; on remarque ordinairement celles qui constatent certains plis qui se forment sur le dos, vice qui provient d'un excès de longueur dans cette partie de la veste.

Pour remédier d'avance à cette malfaçon, on doit, en traçant le devant, donner à la largeur du bas un peu plus que la mesure indiquée, et échancrer le devant de la couture de côté; mais il est bon de faire un suçon sur le devant tel qu'il est marqué sur le dessin, de cette manière on met la largeur du bas à la mesure juste. Il faut avoir soin surtout de donner assez d'élévation à l'épaulette, en ajoutant sur le point 2 et 3 la distance qu'il y a entre le tiers et la poitrine, de ne point anticiper sur les marques et sur les lignes en traçant et en coupant; on aurait par cette inattention une épaulette trop courte, un dos trop long, et une malfaçon que l'on doit chercher à éviter.

DEUXIÈME SECTION.

MANCHES UNI-COUTURE,

POUR HABILLEMENT D'ENFANT.

PLANCHE IX. — FIGURES 2 ET 3.

Quoique les manches à la polonaise s'adaptent fort bien aux divers habillements d'enfant, il en est encore d'autres qui produisent aussi un très bon effet; nous allons en indiquer de deux sortes, en les accompagnant d'un court développement.

§ I.er

PREMIÈRE SORTE

DE MANCHES UNI-COUTURE,

POUR HABILLEMENT D'ENFANT.

FIGURE 2.

On commence par doubler l'étoffe, ce qui, comme on le sait, figure une ligne droite ou perpendiculaire; alors, on laisse dépasser un douzième en haut de A à B; on marque le coude D, puis la longueur totale de la manche E.

Ensuite, du haut de la manche B on laisse le bout de la mesure descendre d'un douzième; on fait aux deux tiers C une marque sur laquelle on trace une ligne transversale, jusqu'à H; alors on retient fixement la mesure sur le coude D, et depuis B jusqu'à H, on arrondit la manche; mais de ce rond, il faut retrancher la valeur d'un douzième, en commençant à H, et finir en mourant vers B. Cette dernière ligne règle la partie de dessus de manche.

Enfin, pour déterminer la largeur de la partie inférieure de la manche, on y marque le quart de E à F, et pour largeur au coude de D à G la moitié; enfin de F jusqu'à H, on figure intérieurement une ligne un peu courbe, qui dès-lors représente la couture, et cette couture doit toujours occuper le dessous du bras.

Pour terminer la manche au bas, il n'y a point de règle, la mode, la fantaisie, ou le goût déterminent ce travail; on les fait tantôt avec un parement et une patte ornée de boutons et adaptée dans une fente pratiquée au-dessus du bras, et tantôt par un simple passe-poil au bord et une ouverture dans la couture que l'on ferme au moyen des agraffes.

§ II.

DEUXIÈME SORTE

DE MANCHES UNI-COUTURE,

POUR HABILLEMENT D'ENFANT.

FIGURE 3.

Celles-ci sont plus longues et plus larges que les précédentes, et sont généralement adoptées par les dames; mais il se trouve des personnes qui préfèrent ces dernières pour vêtements d'enfant, et considèrent cet excès de longueur et largeur comme un effet gracieux qui retombe sur le coude.

On commence l'opération comme la précédente, c'est-à-dire qu'on double l'étoffe; on pose le bout de la mesure en haut A sans rien laisser dépasser de la mesure, puis on marque le coude D et la longueur totale de la manche E; ensuite, on trace de D à H une ligne transversale sur laquelle on marque de D à B un sixième, et de B à C un douzième, et, tenant fixement la mesure sur ce douzième, on arrondit la manche depuis A jusqu'à H; mais, de ce rond, il faut retrancher la valeur d'un douzième, en commençant à H, et faire aboutir cette ligne en mourant vers A; cette dernière ligne règle la partie de dessus de manche. Mais si les personnes exigeaient que les manches retombassent de beaucoup sur le coude, il faudrait leur donner plus de longueur de D à A, sans rien donner de plus de D à H, et dans ce cas, pour arrondir la manche en haut, il faudrait placer le point central toujours un douzième au-dessus du coude, mais progressivement en dehors de la ligne perpendiculaire, tel qu'il est marqué par deux croix, qui correspondent aux cercles ponctués au-dessus de la manche.

Pour largeur au poignet, on donne de E à F un quart, enfin un tiers au coude de D à G; c'est au moyen de ce tiers qu'il est facile de donner à l'endroit de la couture de la manche qui recouvre la saignée du bras ou la cavité du coude, toute la rondeur qu'exige cette espèce de manches.

Le lecteur trouvera sans doute étonnant de voir figurer dans cet ouvrage des manches qui ne sont qu'une démonstration de mode du jour; mais quand il saura que mon but est de présenter une instruction pour la mode future, il me saura gré d'avoir donné la marche à suivre pour pouvoir faire toutes sortes de vêtements à la mode selon les proportions et conformations du corps.

Il est donc facile de se convaincre que les différentes modes, soit larges ou justes au corps, peuvent être réglées d'après les principes de la coupe, en exécutant le tracé d'après la division de la mesure, en employant soit le tiers, soit le quart, soit la moitié, soit toute autre proportion.

CHAPITRE V.

SOUTANE, CAPOTE MILITAIRE ET BONNET DE POLICE.

PREMIÈRE SECTION.

SOUTANE.

PLANCHE X. — FIGURE 1.

On prend mesure pour la soutane comme pour la redingote; mais, pour en fixer la longueur, on descend, comme pour la toge, la mesure jusqu'au soulier.

Pour tailler une soutane, il faut faire l'application des principes établis pour la coupe de la redingote ou de la veste carmagnole.

Toutefois, il y a une seule remarque à faire, et elle est essentielle :

C'est que, pour ce vêtement, il devient tout-à-fait indispensable de couper les devants de telle sorte qu'ils ne puissent aucunement brider sur le genou : ce défaut est gênant dans la marche et difficile à corriger; il provient le plus souvent d'une épaulette trop longue et trop renversée.

Pour se garantir avec toute certitude, il est bon d'échancrer les devants depuis la taille jusqu'en haut, à l'encolure, et de creuser les devants à la couture de côté, comme aux vestes carmagnoles, c'est-à-dire, en faisant dévier en arrière cette ligne au bas de la taille, et si l'étoffe le permet, d'étirer cette couture au moyen du carreau; cela porte sur les hanches une partie de la largeur des plis de côté.

Couper les devants sur la taille et y faire un suçon donne plus d'ampleur sur les hanches et tout le long des jambes, ce qui est préféré par beaucoup d'ecclésiastiques ; la couture dans ce cas est cachée sous la ceinture.

Le dos est à queue et d'une seule pièce; il doit être échancré à la couture du milieu, depuis la taille, et en mourant jusqu'à l'encolure, pour former un double pli sur la taille. (Figure 2.)

Du côté gauche, à l'intérieur de la poche, il faut laisser une ouverture, et y adapter une bride assez grande pour pouvoir y suspendre la queue.

DEUXIÈME SECTION.

CAPOTE MILITAIRE.

PLANCHE II.

Observations préliminaires.

Pour tailler et confectionner convenablement la capote militaire, il suffit de bien connaître les principes applicables à la coupe de la redingote; ils sont tout-à-fait identiques, et l'on pourrait, sous ce rapport, lui donner le nom de redingote militaire.

La seule différence, digne de remarque, que présente la capote, consiste dans la coupe des devants.

C'est cette coupe particulière qui embarrasse assez souvent les tailleurs de régiment, lorsqu'il se trouve des officiers qui exigent qu'il n'y ait point à leur capote ni revers rapporté, ni couture sur la taille.

Il arrive presque toujours aux tailleurs militaires de couper les capotes de manière à ne pouvoir empêcher les devants de s'ouvrir à leur partie inférieure, et, quoiqu'on puisse alléguer, cette partie ouvrante est un vice de coupe qu'il n'est cependant pas difficile d'éviter.

Pour satisfaire à cette exigence, il devient donc important de démontrer ici par quels procédés on arrive à tailler les devants de la capote militaire, sans être obligé de rapporter les revers et sans les couper sur la taille. Cette coupe consiste principalement dans la pente qu'il importe de donner à la ligne de D à G.

Développement.

Après avoir coupé le dos comme on l'a expliqué pour l'habit (chapitre I.er, première section), il faut poser la longueur de la capote au bas des devants A, puis, conduisant le bout de la mesure en haut, faire une marque à son extrémité C, et une autre marque à la taille B, ensuite on donne de A à G un sixième, et de C à D la moitié de la grosseur du haut du corps. Alors on pose une règle sur les marques D et G pour tirer une ligne droite tout du long des devants, d'après laquelle on dessine la capote, mais avant, il faut marquer la taille par derrière des devants, en posant l'équerre sur B, et marquer cette taille vis-à-vis celle par devant. Dès-lors on dessine la capote d'après les principes développés au chap. III pour la redingote. Cela fait, on marque à la taille par devant, de F à E, un sixième, en haut à l'encolure, d'une étoile à l'autre, un douzième; là on fait un suçon pour emboîter la poitrine.

Comme le bord des devants que comprend la ligne de boutonnières de C à F se trouve plus long que la ligne des boutons, il faut d'abord, au moyen du passement, serrer ce bord jusqu'à ce qu'il soit réduit à une longueur égale à celle des boutons; puis, au moyen du carreau, effacer l'embu occasionné par le passement.

Enfin, pour tailler une capote de manière à éviter la couture sur la taille, il faut nécessairement échancrer les devants à la couture de côté, et donner moins de longueur à cette couture des devants qu'à celle du dos; mais alors il convient d'employer le carreau pour étirer le bord de la couture de côté, de manière à donner à cette partie latérale des devants une longueur égale et uniforme qu'a la partie latérale du dos; cette précaution empêche qu'il ne se forme des plis sur les côtés, comme cela est démontré pour la veste carmagnole. (Chap. IV, section première.)

Pour les manches, voyez chap. I.er, section deuxième.

TROISIÈME SECTION.

BONNET DE POLICE.

PLANCHE XXVIII. — FIGURES 6 ET 7.

§ 1.er — *Observations préliminaires.*

Parmi les nombreux artistes auxquels s'adressent les diverses instructions que je publie, peut-être s'en trouvera-t-il qui ne pourront pas, sans quelque étonnement, y voir figurer le bonnet de police. En revanche, il y en aura beaucoup d'autres qui, soit qu'ils aient peu l'habitude de confectionner ces bonnets, ou qu'ils n'en aient jamais confectionnés, soit qu'ils le considèrent comme un objet inséparable de la capote dont je viens de développer les principes, verront avec plaisir qu'il en soit fait mention d'une manière spéciale dans mon ouvrage.

§ 2. — *Explication.*

Dans le principe, le bonnet de police était d'un usage fort utile; la forme pyramidale qu'il recevait faisait qu'il servait aux militaires tantôt de coiffure et tantôt de sac; mais quelque agréable ou commode que pût être le double service auquel il paraissait appelé par sa confection, on jugea que l'économie qu'il y aurait à restreindre la forme de ce bonnet devait avoir la préférence sur l'avantage temporaire qu'il y avait à s'en servir à deux fins; dès-lors, on renonça à sa forme primitive pour en adopter une nouvelle, qui fût à la fois plus économique et plus gracieuse, et qui permît aussi de conserver les distinctions de l'armée ou du grade, par certaines variations dans les dimensions ou dans l'ornement.

En effet, le bonnet de police de la cavalerie légère présente moins de hauteur que celui de la grosse cavalerie et de l'infanterie; mais dans la cavalerie comme dans l'infanterie, on remarque plusieurs différences sur le devant du turban : par exemple, on a maintenu divers signes distinctifs, tels que la grenade, le cor-de-chasse, des canons ou des drapeaux croisés; puis, outre ces variations respectives des divers corps de l'armée, les officiers supérieurs ont continué à porter ces bonnets de police dont le galon, le passe-poil, le gland et le signe distinctif du corps différents de ceux des officiers; et ceux-ci, par la même raison, ont conservé sur leurs bonnets les divers ornements qui les faisaient distinguer de ceux de leurs subordonnés et des simples soldats. On voit encore dans certains corps des bonnets de police dont le turban reçoit généralement un galon ou une bordure plus ou moins large, et d'une couleur étrangère au bonnet; et il en est même dont le turban tout entier est d'une couleur différente de celle du bonnet.

Le turban (figure 7) doit être d'une seule pièce; il est réuni par derrière par une couture dans laquelle on prend un passe-poil pareil à celui qui fait le tour au bord du turban.

La partie gauche du fond du bonnet (figure 6), qui domine le turban, est composée de deux morceaux dont la couture reçoit également un passe-poil, et la partie droite, qui au besoin peut se faire de quatre morceaux, porte trois passe-poils, et un passe-poil dans la couture par devant et dans celle par derrière, ainsi qu'on peut le voir; les doubles lignes présentent le passe-poil, la partie supérieure du bonnet est réunie par une simple couture sans passe-poil; quant au bord inférieur du turban, il est adapté au bord inférieur du fond du bonnet. Pour la conservation, et pour en rendre la confection bonne, il est convenable de doubler ce bonnet avec une basanne, qui doit former un passe-poil au bord inférieur dudit bonnet.

Dimension du bonnet confectionné.

En général, la forme du bonnet de police est presque carrée, dimension qu'il comporte; il me suffit de faire observer que si le bonnet doit avoir 27 centimètres de hauteur, il n'aura que 14 cent. à l'échancrure du turban; mais aux pointes par devant et par derrière on donne 18 cent. ou deux tiers de la hauteur totale du bonnet.

CHAPITRE VI.

PREMIÈRE SECTION.

GILET.

PLANCHES XII ET XIII.

§ 1.er — *Observations générales.*

Il est essentiel d'observer que la longueur du gilet doit être prise à l'encolure depuis le milieu du dos.

C'est à tort qu'un assez grand nombre de tailleurs prennent cette longueur depuis la couture de l'épaulette ; en procédant de la sorte, il est toujours à craindre de ne pas donner à la partie supérieure du dos la même largeur que celle du dos sur lequel on aura pris mesure ; c'est à cette différence qu'il faut attribuer les disproportions de longueur que présentent ordinairement les gilets.

La division de la mesure est la même que pour l'habit ; on doit donc, au besoin, consulter les explications contenues dans le chapitre II.

DÉVELOPPEMENT.

DEVANT DE GILET.

FIGURE I.

On place la longueur du gilet en bas de l'étoffe F, et portant la mesure à l'endroit de l'épaulette, où l'on fait une marque au huitième A (ce huitième qui dépasse indique la largeur du dos à l'encolure); ensuite en haut à la longueur du gilet on trace une ligne qui traverse les devants, on pose la largeur de la poitrine au bord de l'étoffe B, on fait une marque au quart C et au douzième A, puis réservant tout du long sur le bord des devants l'étoffe nécessaire pour les boutons et boutonnières, on trace aussi une ligne (plus perpendiculaire qu'oblique) de C à F ; après on marque la largeur inférieure des devants de H à O, d'après la demi-grosseur du bas du corps, puis on tire une ligne de A jusqu'à la demi-grosseur O; alors revenant à B, de là à D, on donne un quart (c'est la mesure juste pour tout gilet boutonné jusqu'au col), ensuite de A à N on marque un tiers mais un peu juste, et de A à M les deux tiers francs en laissant toujours dépasser la largeur du dos à l'encolure qui est un huitième; après cela il faut donner la moitié de la grosseur du haut du corps pour la largeur de la partie supérieure des devants, depuis G par devant jusqu'à G à l'emmanchure et couture de côté. Enfin on doit marquer au bas de l'encolure, d'une étoile à l'autre, un douzième, puis poser le milieu de la distance comprise entre la poitrine et le tiers sur la ligne de F à C, comme cela est indiqué sur chacun de ses côtés, dans la figure première, et dès-lors le bout de la mesure donne l'emmanchure. Ensuite on dessine l'encolure, l'emmanchure et la couture de côté, ayant soin, si la personne à laquelle on fait le gilet, a le bas du corps fort mince, de faire ressortir la partie inférieure des devants, afin de ménager par là assez de largeur sur les hanches, d'arrondir par devant la partie inférieure des devants et de resserrer le bord par le passe-poil ou simplement par le travail.

§ II.

DOS DE GILET.

FIG. 1, MÊME PLANCHE.

Après avoir coupé les devants, on les pose sur l'étoffe où l'on se propose de prendre le dos; on marque la largeur inférieure et supérieure d'après la plus grande largeur du corps, c'est-à-dire d'après la largeur du haut du corps, si la personne en a la partie supérieure plus grosse que celle du bas, sauf à retrancher des côtés inférieurs du dos l'excédant provenant de cette largeur.

Mais si la conformation de la personne est l'inverse de la précédente, c'est-à-dire si la partie inférieure du corps est plus grosse que la partie supérieure, il faudra, après avoir appliqué les devants sur l'étoffe du dos, en marquer les deux largeurs d'après celle du bas du corps, sauf à retrancher des côtés supérieurs l'excédant qui leur vient de cette dernière largeur. (Fig. 2, même planche.)

Ces principes établis, il faut poser le bout de la mesure au-dessus des devants A en laissant dépasser le huitième, puis la tenir au milieu de la partie inférieure du gilet, c'est-à-dire à la croix (qui doit toujours être posée au milieu de cette largeur); là, on pivote pour porter au-dessus du dos A le bout de la mesure, sur lequel on fait une marque, sauf à retrancher la distance quelle qu'elle soit (petite ou grande), qui pourrait se trouver entre le tiers et la largeur de la poitrine; alors, on marque de A à B un huitième, pour largeur des carrures, de C à L un tiers, ensuite on pose le bout de la mesure contre B, on porte ensuite le tiers sur la ligne C en traçant de suite la couture de l'épaulette, on marque aussi de B à D un huitième : c'est ce huitième qui sert à régler l'épaulette des devants; mais, dans le cas où on aurait abattu trop d'étoffe aux épaulettes des devants, il faudrait obvier à ce déficit du devant en laissant au dos un excédant de la même valeur, comme cela est encore indiqué par des petits points placés sur l'épaulette du devant et dos du gilet. (Fig. 2. Planche XII.)

Enfin, on détermine la largeur du dos d'après celle que présente la mesure, sauf, suivant le cas, à l'échancrer en haut (Fig. 2), ou en bas (Fig. 1 de la planche XII).

NOTA. Dans les développements suivants, nous ne répéterons pas les détails de l'opération du dos, par la raison qu'ils sont les mêmes pour tous les genres de gilet; nous y reviendrons néanmoins pour ceux des gilets de flanelle, afin d'en rendre plus facile toute la coupe qui exige la plus grande précision.

DEUXIÈME SECTION.

GILET A SCHALL ET AUTRES.

PLANCHE XIII. — FIGURE 1.

TOUTE la différence de ce gilet consiste dans la forme des devants.

1.° S'il s'agit d'un gilet à schall portant une seule rangée de boutons, ou d'un gilet croisé, c'est-à-dire à deux rangées de boutons, il faut tracer la première ligne aussi éloignée du bord de l'étoffe que l'exige la forme du gilet, et sur cette ligne, on marque en haut un sixième pour l'épaulette, s'en rapportant pour le reste à ce qui a été dit précédemment; toutefois, pour le gilet à schall qui fait l'objet de la première figure de cette planche, j'ai jugé convenable de donner en haut, depuis le bord jusqu'à l'épaulette, un douzième de plus qu'aux trois autres gilets que représentent les deux planches.

2.° Si le gilet à schall ne doit porter qu'une rangée de boutons, il faudra échancrer les devants depuis le schall jusqu'en bas, ou pour plus d'économie rapporter le schall; mais si l'on veut y faire deux rangées de boutons, il ne faudrait point échancrer les devants, tel que le dessin l'indique, mais laisser cette étoffe au devant pour la croisure, et il y aurait très peu d'étoffe à abattre de la partie inférieure du devant, pour le faire toucher de telle sorte que la pointe inférieure ne vint pas lever comme on en voit beaucoup.

3.° Enfin s'il s'agit d'un gilet croisé et boutonné jusqu'au col, on lui donnera des revers comme cela est indiqué sur le dessin par des petits points disposés à cet effet, sauf néanmoins à laisser à ces revers la forme à la mode ou celle qui convient à la personne pour qui on fait le gilet.

TROISIÈME SECTION.

GILET

POUR UN HOMME DONT LA PARTIE INFÉRIEURE DU CORPS EST PLUS GROSSE QUE LA PARTIE SUPÉRIEURE.

PLANCHE XIII. — FIGURE 2.

Première remarque préliminaire.

Il arrive quelquefois que les tailleurs se trouvent dans le cas de confectionner des gilets pour des hommes qui ont le bas du corps plus gros que le haut, et qui, outre cette conformation, portent sans bretelles une culotte très basse, et dont la ceinture dépasse fort peu les hanches sur lesquelles elle est uniquement serrée par la boucle de derrière.

Deuxième explication.

Il faut en cette circonstance, que le gilet soit assez long pour emboîter la grosseur du ventre plus ou moins bombé, et l'enfermer en quelque sorte en faisant toucher les devants au bord inférieur du gilet.

A cet effet, il est nécessaire de faire une échancrure à la partie latérale des devants, c'est-à-dire exactement dans la fente de la poche, et surtout de faire décrire une légère courbe à ce suçon au lieu de lui donner une forme droite;

ensuite on répétera cette opération pour la doublure, puis on arrondira un peu seulement la partie inférieure des devants, attendu que cette rondeur doit toujours être moindre que celle que parait exiger la chute du ventre, quand l'étoffe surtout est à rayure, et plus particulièrement encore si ces rayures doivent être conservées sur la longueur du gilet; autrement elles se trouveraient combinées de manière à se réunir en pointe, ce qui produirait un fort mauvais effet.

QUATRIÈME SECTION.

GILET DE FLANELLE

D'APRÈS UNE CONFORMATION ORDINAIRE.

PLANCHE XIV.

§ I.er — *Observations préliminaires.*

Sans que le gilet de flanelle ait à subir l'inconstance des modes, les devants de ce gilet, néanmoins, sont très sujets à varier; mais ces variations ne changent rien au reste de la coupe : l'un demande que son gilet n'ait qu'une rangée de boutons, l'autre désire que le sien soit croisé, celui-ci en veut un qui se boutonne sur le côté et ne se double point sur la poitrine, celui-là exige une autre modification; mais à vrai dire la plupart des personnes qui se font confectionner des gilets de flanelle chez les tailleurs, leur font rarement d'observations de cette nature, mais elles recommandent expressément que le gilet soit d'une largeur assez ample pour faire le bon usage qu'elles en attendent, et cette exigence est d'autant mieux fondée qu'il est hors de doute que la flanelle se retire considérablement soit par le blanchissage, soit par la transpiration.

En conséquence, il devient nécessaire de parer à cet inconvénient, et, à cet effet, il suffit de donner à cette espèce de gilet plus de largeur que la mesure n'en présente.

Mais, avant d'entrer dans les détails de l'opération (qui ne se composeront que des différences de cette coupe avec celles des autres gilets), je ferai remarquer qu'il devient inutile de faire des coutures sur le dos et sur les côtés des gilets de flanelle.

§ II.

PROCÉDÉ GÉNÉRAL.

DEVANT DU GILET DE FLANELLE.

FIGURE 1.

On double d'abord l'étoffe de tèlle sorte que la lisière se trouve en haut et en bas du gilet, on trace ensuite une ligne droite pour montrer quelle est l'étoffe que l'on réserve pour placer les boutons et les boutonnières; alors on donne de A à B un sixième, de A à K encore un sixième, de B à C un tiers, de C à M la moitié de la grosseur du haut du corps, ensuite on pose la largeur de la poitrine sur la ligne I et le bout de la mesure donne le devant de l'emmanchure.

§ III.

DOS DU GILET DE FLANELLE.

On abaisse la partie supérieure du dos A de la distance qui se trouve entre la poitrine et le tiers; mais s'il n'y en a pas, on le laisse tel qu'il est; puis, faisant un peu dépasser l'étoffe, on trace une ligne un peu éloignée du bord pour obvier au rétrécissement dont nous avons déjà parlé, et c'est seulement à partir de cette dernière ligne que l'on doit appliquer les principes des proportions : dès-lors, on marque de A à B un huitième, pour largeur des carrures de C à L un tiers, ensuite on pose le bout de la mesure contre B; on porte le tiers sur la ligne C, en traçant de suite la couture de l'épaulette; on marque aussi de B à D un huitième, c'est ce huitième qui sert à régler l'épaulette des devants; enfin, on dessine l'encolure et l'emmanchure.

Il est encore à remarquer que si le gilet de flanelle est pour un homme dont le bas du corps est de bien moindre grosseur que le haut, il devient nécessaire de former un suçon sur le côté, comme il est figuré sur le dessin par des petits points : c'est par ce moyen qu'on parviendra à le faire toucher aux côtés et à lui conserver pour les hanches une largeur suffisante.

§ IV.

CAS PARTICULIERS,

OU POUR UN HOMME PLUS GROS DU VENTRE QUE DU HAUT.

PLANCHE XIV. — FIGURE 2.

PREMIER CAS.

Si la conformation de l'homme pour lequel on fait un gilet de flanelle présente un contraste avec celle dont il vient d'être question dans les paragraphes précédents, c'est-à-dire si la grosseur du bas du corps l'emporte sur celle du haut, il faut d'abord ployer la flanelle sur la largeur du bas, et retrancher en haut d'une étoile à l'autre la différence qui se trouve entre les deux largeurs, c'est-à-dire tout l'excédent de largeur produit par la grosseur du bas du corps, et c'est alors de cette ligne que l'on peut commencer à faire l'application des règles relatives aux proportions

DEUXIÈME CAS.

Si la stature de l'homme pour lequel on confectionne le gilet de flanelle est tellement haute que la largeur de la flanelle soit insuffisante pour assortir la longueur du gilet, on pourra remédier à cet inconvénient, en traçant d'abord au-dessus de la flanelle une ligne qui établisse la quantité d'étoffe manquante, et en ajoutant ensuite à l'épaulette du dos un petit morceau triangulaire, de la capacité de celui qui manque, et désigné sur le dessin par une étoile adaptée au dos du gilet; ce morceau, dont une partie se trouve perdue dans la couture et l'autre cachée par les garnitures, suffira pour allonger le gilet de tout ce dont il est trop court. Dès-lors, à partir de cette ligne, on peut dessiner le gilet.

Enfin, il s'agit de déterminer la couture de l'épaulette droite, et, à cet effet, on devra faire fournir au dos tout ce qui sera reconnu manquer au devant de cette épaulette.

CINQUIÈME SECTION.

GILET DE FLANELLE

POUR FEMME.

PLANCHE XV. — FIGURE 1.

§ 1.er — *Observations préliminaires.*

Pour prendre mesure de ce gilet, il faut recourir au procédé développé chapitre I.er, 7.e partie, pour prendre, marquer et diviser la mesure de l'amazone; le dos du gilet de flanelle pour femme est pareil à celui du gilet de flanelle pour homme. (Voir le chap. précédent. — *Dos de gilet.*)

§ 2. — *Observations générales.*

Si le gilet de flanelle que l'on doit faire est pour une personne dont la gorge est assez développée, il devient nécessaire d'établir une couture sur le dos et sur les côtés, d'échancrer d'abord le dos sur la taille, c'est-à-dire à la couture qui couvre la chute des reins; puis, d'échancrer aussi les côtés en leur faisant décrire une légère courbe depuis l'emmanchure jusqu'à la taille, ayant soin toutefois de donner au-dessous de la taille un peu plus de rondeur à la couture destinée à emboîter les hanches. Il faut aussi faire des suçons sur les devants pour emboîter les seins et le ventre, arrondir proportionnellement la largeur de la poitrine, en commençant depuis l'encolure jusqu'à la partie antérieure de la taille. On serre cette rondeur au moyen d'un ruban, précaution qui donne de l'aisance sur la poitrine.

Du reste, les principes et leurs indications restent les mêmes pour le gilet de femme que pour le gilet d'homme.

SIXIÈME SECTION.

MANCHES DE GILET DE FLANELLE.

PLANCHE XV. — FIGURE 2.

§ 1.er — *Observations générales.*

Ces manches sont applicables aux gilets de flanelle pour homme, comme aux gilets de flanelle pour femme; elles n'ont qu'une couture, et conviennent beaucoup mieux que celles qui en ont deux, parce que le rétrécissement occasionné par la transpiration et le blanchissage ne saurait changer le coude de place, et, d'après la méthode que nous indiquons, le gilet deviendrait-il un peu juste de carrure, la personne qui le porte n'éprouverait point l'effet de ce léger rétrécissement, par la raison que la forme et l'ampleur qu'on donne aux manches, prêtent naturellement au dos ce qu'il a perdu.

§ 2. — *Développement.*

On commence à tracer une ligne transversale, pour égaliser l'étoffe en haut de B à H : alors on pose le tiers sur B, en laissant dépasser la largeur de carrure, ou le tiers qui est la distance de A à B, puis on marque le coude D, et la longueur totale E : ensuite de B à C un douzième, et de B à O un quart; là, il faut faire une petite hoche pour avertir l'ouvrier que cette marque correspond à celle du dos, pour y adapter les manches. Pour connaître la pente de dessous de manche, on donne de H à G un tiers, et de C à G sept huitièmes, et pour avoir plus de facilité d'échancrer le dessous de manche, on tire une ligne de C à G: alors on donne de G à K un sixième, de E à F la moitié de la largeur du haut du corps, dont il faut retrancher un douzième à commencer depuis E pour finir en mourant au coude D, ensuite on tire une ligne droite de G à F; ensuite il faut, en la mesurant, chercher quelle est la longueur de C à E, et, quand elle sera connue, en retrancher un douzième, puis poser ce douzième sur G, et le restant donnera la longueur nécessaire de G à F; c'est par ce moyen qu'on obtiendra de l'embu à la manche, pour former le courbe qu'exige le coude.

Enfin, on arrondit le dessus de manche de K à O, on échancre le dessous depuis K jusqu'à G, et, pour dernière opération, on arrondit le talon de la manche depuis O jusqu'à C.

TROISIÈME PARTIE.

CHAPITRE I.

PREMIÈRE SECTION.

CARRICK.

PLANCHE XVII

Observations préliminaires.

Quelque vaste que puisse être la dimension d'un carrick, il ne faut pas en conclure qu'on soit dispensé d'en prendre la mesure avec une moins grande exactitude; car, au contraire, ce vêtement doit être établi conformément aux proportions du corps, c'est-à-dire, par l'application des principes qui en émanent, aussi bien que s'il s'agissait d'un juste-au-corps.

Or, pour commencer la coupe d'un carrick, il convient de diviser la mesure d'après les règles établies chapitre I.er, troisième section.

Ce principe établi, nous allons, pour mieux développer les détails et rendre l'opération plus facile, diviser la première section de ce chapitre en quatre paragraphes distincts, bien qu'ayant entre eux une intime corrélation. De la réunion des conditions indiquées dans ces paragraphes dépend seul le succès de l'opération.

§ I. — Les devants.
§ II. — Le dos.
§ III. — Les manches.
§ IV. — La pélerine.

DÉVELOPPEMENT.

§ I.er

DEVANT DU CARRICK.

On commence par poser toute la longueur du carrick en haut de devant, c'est-à-dire à deux tiers de distance du bord, et, si l'on veut, on fait une étoile (ou toute autre marque) sur la partie de l'épaulette qui touche l'emmanchure; on tient la mesure sur cette étoile, et l'on arrondit la partie inférieure des devants, à laquelle on donne pour largeur de O à A le double de celle du haut du corps. Il faut ensuite poser la mesure en travers et au-dessus des devants, mais un peu plus bas que l'endroit qui indique la longueur totale du carrick, en mettant la largeur du haut sur la ligne C, faire une marque au bout de la mesure B, et tirer une ligne perpendiculaire, qui sera précisément celle figurée sur le dessin par des petits points. Alors on pose l'extrémité de la longueur du carrick en bas A, on fait monter la mesure en haut, de manière à faire tomber le tiers sur la ligne ponctuée, et, après avoir fait une marque sur le tiers B, on trace de B à C une ligne qui va, en traversant les devants, se joindre en forme d'équerre avec celle du bord antérieur. Après cela, on pose le tiers sur C, on fait une marque au quart E et au bout de la mesure D, puis, pour obtenir la longueur de l'épaulette, on trace de D à G une autre ligne transversale qui donne la hauteur des épaulettes; on pose ensuite la largeur de la poitrine au bord D, et on fait une marque au bout de la mesure F; ensuite on donne un tiers aisé de F à G, et, sur cette distance, on marque de G à H un huitième; maintenant, sur ce huitième on donne naissance à une ligne qui, en allant faire équerre avec celle d'en haut, puisse indiquer quelle est la largeur de poitrine; enfin, sur la ligne que l'on vient de tracer, on pose la mesure de manière à faire toucher le bout à la marque H, et on donne de H à M la moitié de la grosseur du haut du corps, qui donne le bas de l'emmanchure; enfin, de G à R on marque un vingt-quatrième qui montre ce qu'il faut abattre de l'épaulette; on marque encore un vingt-quatrième au bas de l'encolure E, pour arrondir les devants; enfin, pour terminer, on trace une ligne de B à A, et on dessine l'encolure et l'emmanchure.

§ II.

DOS DU CARRICK.

PLANCHE XVII. — FIGURE 1.

On pose d'abord toute la longueur du carrick en bas du dos C, et à l'opposé A on fait une ligne transversale au bout de la mesure; de A à B on marque un tiers, d'où l'on tire une autre ligne transversale jusqu'à D; on donne un quart de A à F, puis, en faisant monter l'encolure d'un vingt-quatrième à la couture de l'épaulette, de B à D la moitié, et de D à E un huitième, on donne ensuite au bas du dos, de C à O, la grosseur du haut du corps; puis, posant le tiers sur D et sur toute la longueur du carrick, on arrondit la partie inférieure du dos; enfin on dessine l'emmanchure en faisant sortir la pointe en bas de l'emmanchure D, comme l'indique le dessin. L'excédant de l'encolure doit être embu contre le collet, pour répartir également la grande largeur du carrick autour des épaules.

§ III.

MANCHES DU CARRICK.

PLANCHE XVII. — FIGURE 2.

§ 1.er — *Observation.*

Des manches uni-couture et droites sont, pour ce vêtement, bien préférables à celles qui ont deux coutures, et présentent la forme du coude; en voici la raison : c'est que, dans le cas où l'on négligerait l'usage des manches (ce qui est assez fréquent) pour se jeter le carrick sur les épaules, les premières tomberaient directement et à plat, tandis que les secondes ont l'inconvénient de produire l'effet contraire.

Nous ne nous occuperons donc ici que de celles qui présentent le plus d'avantages.

§ 2. — *Développement.*

On trace d'abord une ligne perpendiculaire pour figurer la couture de la manche, et une ligne transversale pour en marquer la hauteur; ensuite on pose le tiers sur B, en laissant dépasser ce tiers pour la carrure; après on marque la longueur totale des manches E, puis on donne de B à C un huitième, et de H à G un quart, de C à G toute la largeur du haut du corps; alors on tire une ligne de C à G, et on donne de B à O un quart, et de G à K encore un quart, à la partie inférieure de la manche de E à F deux tiers au moins; enfin, on mesure la distance de C à E, et on donne cette longueur de G à F; on tire une ligne droite pour la couture, et l'on arrondit la partie supérieure de la manche. On ne doit pas oublier de faire une petite hoche en haut de la manche O; cette marque correspond à celle du dos, pour adapter les manches.

§ IV.

PÉLERINE DES CARRICKS ET DES MANTEAUX.

Remarque.

Ces pélerines, que l'on nomme aussi grands collets ou rotondes, peuvent convenir à différents costumes, tels que redingotes de livrée, manteaux ronds, ou économiques, etc.; la combinaison des proportions reste la même pour chaque espèce: il n'y a de variations que dans la longueur seulement.

Développement.

On marque d'abord la longueur de la pélerine de C à A, d'où l'on tire une ligne transversale, et l'on donne de A à F un sixième; ensuite on pose le tiers sur A et l'on fait une marque au quart, ce qui donne un douzième de A à B, et au bout de la mesure, ce qui donne un quart de B à D, ou un tiers de A à D, et l'on tire une ligne transversale de D à E et une autre de B à C; alors on marque un vingt-quatrième de C à l'étoile, puis encore un vingt-quatrième de D à O; ensuite on pose une règle sur O et sur le point central B, puis on abat par devant l'excédant de la pélerine.

Cela fait, il faut d'une main tenir la mesure sur l'étoile, et de l'autre la porter sur C, afin de pouvoir arrondir la pélerine en décrivant le cercle depuis C jusques vis-à-vis l'étoile; étant arrivé là, on laisse glisser la mesure de l'étoile pour la tenir sur le point central B, et depuis ce point on continue d'arrondir la pélerine jusqu'à K.

Dans cette pélerine on trouve successivement trois longueurs différentes, c'est-à-dire qu'elle est plus longue sur les épaules que par derrière, et plus longue par derrière que par devant : c'est la meilleure forme qu'elle puisse recevoir.

Pour étager les diverses pélerines dont se composent ordinairement celles des livrées et quelquefois celles des carricks, il n'y a pas de règles fixes, ceci dépend de la mode ou du goût de la personne; néanmoins je pense que le douzième ou le huitième peuvent suffire le plus souvent dans les diverses circonstances.

Mais il est de principe qu'il faut abattre de la partie inférieure des devants des pélerines la moitié de l'espace qui aura été employé pour les étages tout autour; c'est ainsi que l'on peut réussir à faire tomber les pointes convenablement, et à leur donner un ordre régulier.

Il est bon d'étirer un peu l'encolure des pélerines pour les adapter au collet : cette précaution contribue à leur faire faire partout des tuyaux égaux.

Le collet montant doit avoir les deux tiers. (Voir planche XX, figure 3.)

CHAPITRE II.

PREMIÈRE SECTION.

MANTEAU ROMAIN.

PLANCHE XIX.

§ 1.er *Observations préliminaires.*

Parce qu'un assez grand nombre de tailleurs attachent peu d'importance à la coupe de ce vêtement, il faut bien se garder d'en conclure que cette négligence puisse sans inconvénient passer en coutume, et produirait les avantages dus à l'application soigneuse des principes que d'autres y apportent : ce serait une grande erreur; la coupe de ce manteau est, comme celle de tous les autres vêtements, assujétie à des règles exactes et invariables qui dérivent des proportions du corps et qu'il importe, je ne puis trop le répéter, de bien connaître pour opérer avec précision et dextérité.

Mais avant d'entrer dans les détails de l'opération, je dois faire remarquer qu'il faut couper toujours l'encolure de manière à donner aux plis une chute tellement régulière partout, que si la personne vêtue de ce manteau en jette une partie sur ses épaules, non seulement cette partie superposée figure bien la draperie, mais encore que le reste présente des plis égaux.

§ 2. — *Développement.*

On commence par poser la longueur du manteau en bas du drap C et l'on marque la longueur totale à l'encolure A, d'où l'on tire une ligne transversale au bout de laquelle on marque de A à F un quart, puis on pose le bout de la mesure contre A, faisant une marque au huitième B et aux cinq douzièmes D; on tire également une ligne transversale de D à E et une troisième de B à O; ensuite il faut partager en deux parties égales la distance comprise de B à O, ce qui donnera un huitième de O à H, de H à B, de B à A, de A à G, de G à F, comme de F à O; enfin l'on partage encore en deux parties égales la distance de O à H, ce qui donne un seizième de O à l'étoile [illegible] est le point central pour arrondir le manteau; ensuite on fixe la mesure sur l'étoile, de manière à ce qu'elle ne puisse se déranger, et dès-lors on arrondit le manteau d'un seul trait depuis C jusqu'à K, puis on arrondit l'encolure tel que le dessin le représente.

Dans ce manteau on rencontre successivement trois longueurs différentes, c'est-à-dire qu'il est plus long sur les épaules que par derrière, et plus long par derrière que par devant. Comme on le voit, la longueur des devants reste la plus courte, et ces dimensions deviennent nécessaires pour qu'il y ait tout autour du manteau, quand la personne l'a endossé et se tient debout, une distance toujours égale entre le terrain et le bord inférieur du manteau.

Pour adapter le manteau au collet, il faut faire emboire l'encolure de A à G, et la partie restante de l'encolure doit être adaptée au collet sans embu.

En procédant exactement comme il vient d'être dit, on peut avoir la certitude que le manteau ne bridera pas sur les épaules.

Pour la pélerine, il faut consulter les principes applicables aux pélerines des carricks. (Pl. XVIII, § IV.)

DEUXIÈME SECTION.

MANTEAU ÉCONOMIQUE OU MANTEAU DE BERGER.

PLANCHE XX. — FIGURE 1.

§ I.er

Ce manteau, comme le précédent, doit encore être coupé d'après les partages de la mesure que nécessitent les proportions du corps; à cet effet, il faut procéder de la manière suivante :

On pose d'abord la longueur du manteau au bas du drap C, et l'on marque la longueur totale à l'encolure A d'où l'on tire une ligne transversale; alors on forme un carré en tous sens avec la moitié de la grosseur du haut; savoir : la moitié de A à B, de B à D, de D à E, comme de E à A : après on pose la mesure à l'angle E, on arrondit l'encolure de A à D, puis de l'une à l'autre de ces lettres on tire une ligne diagonale sur laquelle on marque un tiers de A à G, d'où l'on trace aussi jusqu'à l'encolure une ligne diamétralement opposée à la dernière; ensuite, partageant cette distance en deux parties égales, on indique le point de séparation par une étoile : après elle on marque de A à F un tiers, puis, posant une règle sur F et sur l'angle D, on trace une ligne de F en dépassant D jusqu'à K; cette ligne règle le devant du manteau. Enfin on place la mesure sur l'étoile, de façon qu'elle ne puisse point se déranger, et l'on arrondit le manteau d'un seul trait depuis C jusqu'à K.

Il faut observer, en traçant le circuit du bord inférieur du manteau d'après l'étoile, si la longueur du derrière C et des devants K se trouve trop courte; il est donc indispensable pour la bonne confection d'augmenter ces deux longueurs, ainsi qu'on peut le voir sur le dessin.

§ II.

PÉLERINE DU MANTEAU ÉCONOMIQUE.

FIGURE 2.

Observation.

S'il arrive qu'à cause de la cherté ou d'une quantité insuffisante d'étoffe, on ne puisse donner à ce genre de manteau une pélerine de la dimension de celle du carrick (planche XVIII), il faudrait néanmoins parer à cet inconvénient, et dès-lors on serait dans la nécessité de recourir à une coupe assez économique pour obtenir une pélerine qui fût assortie au manteau.

En conséquence, j'ai senti qu'il devenait nécessaire d'introduire ici les principes exacts au moyen desquels on peut procéder à cette coupe; ils font l'objet du développement suivant.

Développement.

On pose d'abord la longueur de la pélerine au bas du drap C et l'on marque la longueur totale à l'encolure A, d'où l'on tire une ligne transversale; alors on forme un carré en tout sens avec le tiers de la grosseur du haut, savoir : de A à B, de B à D, de D à E, comme de E à A; après on pose la mesure à l'angle E, on arrondit l'encolure de A à D, puis, de l'une à l'autre de ces lettres, on tire une ligne diagonale sur laquelle on marque un quart de A à G d'où l'on trace aussi jusqu'à l'encolure une ligne diamétralement opposée à la dernière; ensuite, partageant cette distance en deux parties égales, on en indique le point de séparation par une étoile : après on marque de A à F un sixième, puis, posant une règle sur F et sur l'angle D, on trace une ligne de F en dépassant D jusqu'à K; cette ligne règle le devant de la pélerine. Enfin on place la mesure sur l'étoile de façon qu'elle ne puisse se déranger, et l'on arrondit la pélerine d'un seul trait depuis C jusqu'à K.

Il faut également observer, en traçant le circuit du bord inférieur de la pélerine d'après l'étoile, que la longueur de derrière C et des devants K se trouvera aussi bien trop courte, comme celle du manteau (figure 1). Il est donc indispensable, pour cette espèce de pélerine, de donner aux extrémités de ces deux lettres un peu plus de longueur que le compas n'en peut donner.

On voit que la pélerine du manteau de berger exige, à peu de chose près, les mêmes détails d'opération que celles du corps du manteau, puisque la principale différence qu'il comporte se borne à une moindre dimension, car au lieu d'employer la moitié et le tiers de la grosseur du haut pour le manteau, on n'emploie que le tiers, le quart et le sixième pour les dimensions de la pèlerine.

COLLET POUR CARRICK ET MANTEAU.

FIGURE 3.

Il est de principe que le collet, soit pour carrick, soit pour manteau, porte les deux tiers de la grosseur du haut du corps; et quant à la forme ou à la hauteur, il faut consulter la mode ou le goût : l'un ou l'autre en décide.

NOTA. Je dois faire observer que, vu le format de cette nouvelle édition, la longueur des manteaux seulement n'est pas proportionnée à la taille des vêtements figurés sur les dessins, et que, si j'ai réduit ces dimensions pour éviter l'inconvénient de plier les planches, c'est qu'ici il importe fort peu que la circonférence de la partie inférieure du manteau soit plus ou moins grande; mais aussi il faut remarquer que les encolures des pélerines et des manteaux conservent sur les dessins toutes les proportions de la mesure.

CHAPITRE III.

PREMIÈRE SECTION.

COSTUME DES TRIBUNAUX.

Dissertation préliminaire.

Quoique ces costumes aient paru jusqu'ici présenter à beaucoup d'artistes assez de difficultés pour qu'ils n'en fissent généralement la coupe que sur des patrons rarement conformes à la taille, je crois, au contraire, pouvoir affirmer qu'ils ne sont point difficultueux : d'abord parce que leur forme étant déterminée par des lois, ils ne peuvent être sujets aux changements de modes, ni devenir l'objet de nombreuses fantaisies comme l'habillement civil; ensuite, parce que pour être traitées avec goût et précision, ils exigent, comme tout autre vêtement, l'application des règles invariables de l'art de la coupe, et que ces règles, loin d'être opposées au vœu des lois, en facilitent l'exécution. Seulement il est à regretter que les lois dont nous parlons, et que nous rapportons en note ci-dessous *,

* Les consuls de la république, sur le rapport du grand-juge, ministre de la justice, le conseil d'état entendu,

Arrêtent :

Art. 1.er Les membres de tous les tribunaux de la république, les gens de loi et avoués qui exercent leurs fonctions près d'eux, porteront tous, à l'avenir, dans l'exercice de leurs fonctions, un habit long, de la forme et de la couleur réglées aux articles suivants.

2. Les juges des tribunaux d'appel et des tribunaux criminels, les commissaires du gouvernement et leurs substituts près de ces tribunaux, porteront,

Aux audiences ordinaires : simarre de soie noire; toge de laine noire, à grandes manches; ceinture de soie noire pendante et franges pareilles; toque de soie noire unie; cravate tombante de batiste blanche, plissée; cheveux longs ou ronds.

Les présidents et vice-présidents auront, au bas de la toque, un galon de velours noir, liseré d'or.

Aux grandes audiences et aux cérémonies publiques : ils porteront le même costume, avec les modifications suivantes :

La toge de même forme, en laine rouge; toque de velours noir, bordée au bas d'un galon de soie liseré d'or;

Le président aura un double galon à la toque.

3. Les greffiers en chef porteront le même costume que les juges, sans galon à la toque.

Les commis-greffiers tenant la plume porteront :

Aux audiences ordinaires, la toge noire sans simarre, et la toque noire sans galon

Aux grandes audiences et cérémonies, la toge noire, avec simarre et ceinture.

4. Les juges des tribunaux de première instance, les commissaires du gouvernement et leurs substituts, ainsi que le substitut du commissaire du gouvernement près le tribunal criminel, porteront :

Aux audiences ordinaires, simarre et toge de laine noire à grandes manches; ceinture de laine noire pendante; toque de laine noire unie, bordée de velours noir; cravate tombante de batiste blanche plissée; cheveux longs ou ronds.

Les présidents et vice-présidents auront au bas de la toque un galon d'argent.

Aux audiences solennelles et aux cérémonies publiques, ils porteront le même costume, avec les modifications suivantes :

Une simarre de soie noire; une ceinture de soie couleur bleu clair, à franges de soie; un galon d'argent au bas de la toque.

ne soient pas conçues dans un style plus explicatif; car, sans qu'elles puissent vicier le procédé que nous enseignons, elles peuvent néanmoins, suivies à la lettre, occasionner différentes erreurs dans lesquelles il importe de ne pas tomber.

On conçoit donc facilement que si l'on peut se représenter ces costumes dans tous leurs détails et tels que le législateur a entendu les fixer pour chaque magistrat, chaque homme de loi, dans l'exercice de leurs fonctions, il suffira d'appliquer les principes simples et exacts développés dans ce chapitre pour tailler et confectionner régulièrement tous les costumes de tribunaux.

Or, c'est en propageant les principes de l'art de la coupe que, par la suite, les juges de paix cantonnaux, les pro-

Le président aura un double galon.

5. Les greffiers en chef porteront le même costume que les juges, mais sans bord à la toque.

Les commis-greffiers tenant la plume porteront la toge fermée, sans simarre.

6. *Aux audiences de tous les tribunaux*, les gens de loi et les avoués porteront la toge de laine, fermée par devant, à manches larges; toque noire; cravate pareille à celle des juges; cheveux longs ou ronds.

7. Les juges de paix et leurs greffiers porteront, dans l'exercice de leurs fonctions, le même costume que les juges et greffiers des tribunaux de première instance.

8. Tous les huissiers porteront un habit noir complet à la française, avec un manteau de laine noire revenant par devant, et de la longueur de l'habit. Ils auront à la main une baguette noire.

9. Les membres de tous les tribunaux porteront à la ville, comme habit de cérémonie, l'habit complet noir à la française; manteau court de soie ou laine jeté en arrière; cravate de batiste; chapeau à trois cornes; cheveux longs ou ronds.

10. Les membres des tribunaux seront tenus de prendre, dans l'exercice de leurs fonctions, le costume réglé par les articles ci-dessus, avant le premier vendémiaire prochain.

11. Le grand-juge, ministre de la justice, est chargé de l'exécution du présent arrêté, qui sera inséré au Bulletin des lois.

fesseurs des collèges et tous les fonctionnaires subalternes de nos départements pourront faire confectionner leurs costumes dans leurs diverses résidences, aussi bien que s'ils habitaient des grandes villes où ils sont encore obligés de se pourvoir.

Anciennement le costume des tribunaux se composait de deux sortes de vêtements, la simarre et la toge; la simarre était la tenue habituelle de l'ordre, et la toge, qui était celle de cérémonie, pouvait encore servir de manteau.

Aujourd'hui la simarre et la toge ne forment qu'un seul et même vêtement.

DEUXIÈME SECTION.

SIMARRE

OU

COSTUME DE PROFESSEUR DE THÉOLOGIE.

PLANCHE XXI.

La simarre, appelée aussi sous-toge, est une espèce de juste-au-corps comme la soutane (figure 2), dont elle ne diffère que par un double pli au dos qui, formé à l'encolure et tenu par le bord inférieur du collet, flotte tout le long du dos et se termine en formant la queue (fig. 1.re). A la taille du milieu du dos est pratiquée une ouverture pour y passer une ceinture d'environ douze à quinze centimètres de large, tel qu'il est marqué par un point à la taille et un au-dessus.

Les règles et les principes établis pour la soutane et la redingote sont les mêmes pour la simarre. Je crois que le lecteur commence à se convaincre qu'après avoir bien compris l'instruction faite sur le modèle principal (pl. II), que ces règles et ces principes sont applicables à tout vêtement juste au corps, et que, quelles qu'en puissent être la forme, la mode ou la fantaisie, ils dérivent tous de ce modèle, qu'il importe essentiellement de bien comprendre.

TROISIÈME SECTION.

COSTUME DES TRIBUNAUX.

§ 1.er — *Manière de prendre la mesure.*

La manière de prendre la mesure est simple et facile.

On pose le bout de la mesure au-dessus de l'encolure A, puis on la descend jusqu'au bord du soulier C, et l'on détermine la longueur postérieure de la toge, ainsi que celle de la queue C C.

Ensuite on pose le bout de la mesure au milieu du dos, à l'encolure A, et on la fait passer sur les épaules pour mesurer la longueur des devants qui se termine au coude-pied, puis la grosseur du haut et celle du ventre.

Enfin, pour les manches, on pose la mesure au milieu du dos, et on la conduit jusqu'au point qui doit servir à déterminer leur longueur.

§ 2. — *Division de la mesure.*

Cette division s'opère d'après les principes développés pour celle de l'habit, chapitre I.er, 3.e section, planche 1.re

QUATRIÈME SECTION.

§ I.er

DEVANTS DE LA SIMARRE.

PLANCHE XXII.

On pose d'abord la longueur des devants au bas de l'étoffe C, puis on trace une ligne transversale à l'extrémité A, et une ligne verticale pour égaliser le bord de l'étoffe; pour l'encolure de A à K un quart, de A à B un quart, de B à D encore un quart, et de D à F un douzième pour abattre l'épaulette, de K à J un quart, d'où l'on tire une ligne transversale qui détermine la pointe de l'emmanchure; alors on donne pour largeur des devants de J à G trois quarts de la grosseur du haut du corps, de G à M un tiers; pour échancrer le dessous de l'emmanchure de N à O un vingt-quatrième.

Après, pour déterminer la largeur inférieure des devants, on donne de C à F une fois et demie la largeur du haut du corps, et de E à G on trace une ligne oblique; pour arrondir le bord inférieur des devants, on pose la mesure au milieu de l'épaulette, à l'étoile, puis d'un seul trait ce bord se trouve convenablement arrondi.

Reste à marquer les fentes de la poche; il faut les établir de façon que leur milieu se trouve précisément sur la taille, et au-dessus de celle de gauche adapter une ganse destinée à suspendre la queue de la toge quand cela convient à la personne revêtue de ce costume, ainsi que l'indique la lettre L.

La chausse, ou chaperon, se place sur l'épaulette gauche au moyen de deux petits boutons dont la place est indiquée par deux petits points figurés sur l'épaulette.

Les devants de la simarre doivent être boutonnés du haut en bas, et l'intervalle entre les boutons et les boutonnières comporte successivement deux centimètres environ.

§ II.

DEVANTS DE LA TOGE.

Dans le principe, l'ampleur des devants de la simarre déterminait celle des devants de la toge, c'est-à-dire que leur coupe était la même, et, pour découvrir la simarre, on faisait un pli aux deux devants de la toge.

Depuis long-temps, par un système d'économie qu'on a fait prévaloir dès qu'il a pu être toléré, on s'est contenté, mais à tort, pour mettre la simarre à découvert, de supprimer le pli de la toge en en réduisant l'ampleur; c'est ce qu'indique la ligne obliquement ponctuée sur la planche.

Il y a dans l'introduction de cet usage une économie déplacée, et sous le rapport des principes, et sous le rapport de l'élégance.

Quand les devants de la simarre sont taillés, il serait bien préférable de tailler pareillement ceux de la toge, sauf à n'en pas découper ou arrondir l'encolure, car c'est cette partie d'étoffe qui sert à établir le pli dont il s'agit, qui, moins large toutefois en haut qu'en bas, doit, pour laisser convenablement la simarre à découvert, descendre depuis l'épaulette jusqu'à la partie inférieure des devants, de telle sorte que, quand ce pli est formé, il y ait du bord de l'étoffe K jusqu'à P une largeur équivalant au sixième de la grosseur du haut, et de C à Q la moitié de cette grosseur.

Il est néanmoins à remarquer que, quand le procédé primitif était en vigueur, le pli dont nous parlons, bien qu'il fut établi sur les devants de la toge était, contrairement aux principes propres à ce costume, arrêté par ses deux extrémités à la couture de chaque épaulette; mais, il faut le dire, c'était un vice palpable de la loi, car ce pli devait naturellement dépasser les épaulettes pour aller, par ses extrémités, former le schall au milieu du dos, et figurer une espèce d'étole, si nous pouvons nous exprimer ainsi, en décrivant autour du col la demi-circonférence que le législateur avait omis de mentionner. C'est ce qu'indique suffisamment sur le même dessin la partie légèrement ponctuée de l'encolure et de la partie supérieure des devants de la toge, de B à H.

Les devants de la simarre et de la toge sont représentés ensemble, et attachés à la fois au dos, c'est-à-dire qu'on les réunit à la couture de côté de E à G, à la couture de l'épaulette de F à B, et à l'emmanchure de F à G, en y joignant les manches, et de B à P, en y joignant le collet.

Au-dessus des fentes établies aux coutures de côté, pour rendre plus commode l'usage des poches, il est nécessaire d'établir une ouverture qui, tout en séparant les devants de la toge de ceux de la simarre, soit propre en même temps pour y passer une ceinture de quinze centimètres de largeur environ.

Les devants de la simarre doivent avoir sur le collet un excédant égal au vingt-quatrième de la grosseur du haut du corps; ce qui est marqué par un petit trait.

---

§ III.

DOS DE LA TOGE.

PLANCHE XXIII. — FIGURE 1.re

On trace d'abord une ligne transversale en haut du dos A et l'on y pose le bout de la mesure pour, de là, descendre à une distance représentée par la moitié de la grosseur du haut du corps, en y faisant la marque B, où l'on figure aussi une ligne transversale sur laquelle, de B à F, on marque les trois quarts; pour obtenir la pointe inférieure de l'emmanchure, on donne de E à F un sixième; sur E on marque une ligne verticale pour indiquer la largeur des carrures. Sur cette ligne, depuis E jusqu'à L, on marque un quart, dans le double but de montrer jusqu'où, depuis F, il faut arrondir l'emmanchure et le point où doivent commencer les formes des manches.

Ensuite, pour obtenir la pointe de l'épaulette à l'encolure, on marque de A à D la moitié de la grosseur du haut; puis, autant pour donner un peu d'élévation à cette partie de l'épaulette que pour échancrer légèrement l'encolure, on donne au-dessus D un vingt-quatrième jusqu'à J, et, pour régler la pente de l'épaulette à l'emmanchure, on marque de H à G un douzième; alors on trace une ligne oblique qui figure la couture de l'épaulette.

Après, on marque la longueur du dos C, puis celle de la queue C c, et l'on donne de C à K une largeur qui soit une fois et demie celle que représente la grosseur du haut du corps; ensuite, de F à K, on établit une distance égale à celle comprise entre G et E des devants (planche XXII).

Enfin, de K à F on applique la couture latérale des devants sur la couture latérale du dos, pour que les devants de la toge forment régulièrement la ligne circulaire avec celle de la queue dont la longueur peut varier de soixante à quatre-vingt-dix centimètres, selon le goût de la personne pour qui l'on confectionne le costume.

Le dessus du dos doit être froncé à l'encolure sur une largeur de cinq ou six centimètres, et les fils qui serrent les fronces doivent être doublés et distants entre eux d'un centimètre, pour que les fronces soient établies d'une manière solide et distincte. Mais avant de commencer ces fronces à un douzième de la pointe J de l'épaulette, il faut encore, pour leur donner plus de consistance, les faire porter sur une bande de drap, taillée à cet effet dans les dimensions convenables; c'est alors que l'on serre la partie supérieure du dos, représentée par des petits traits rapprochés, jusqu'à ce que la distance comprise entre A et J soit réduite à un sixième de la grosseur du haut du corps.

§ IV.

MANCHES DE LA TOGE.

MÊME PLANCHE. — FIGURE 2.

La longueur des manches est représentée de A à B et de D à C, et leur largeur de A à D et de B à C.

La longueur se règle d'après la mesure, c'est-à-dire d'après la longueur du bras de la personne.

La largeur est déterminée par l'étoffe, c'est-à-dire qu'elle comporte, si l'on emploie du drap, un seul lé; du casimir, deux lés; de l'étamine, trois lés, etc.

Les manches, comme le dessus du dos, doivent être froncées à fil double sur une largeur de cinq à six centimètres, et les fils qui serrent les fronces doivent aussi présenter entre eux un centimètre de distance. Il est également essentiel, la toge même faite en drap, d'appliquer une bande de drap en dessous des fronces, pour rendre celles-ci plus saillantes, et leur donner plus de consistance.

Mais pour bien établir les formes, il n'est pas moins nécessaire de bien connaître et de marquer la distance comprise au-dessus des manches depuis A à F pour les devants, et de E à D pour les talons de la manche. Ces deux parties correspondent à l'emmanchure de la toge, savoir : F correspond à R du devant, et E à la lettre L du dos de la toge, et de les échancrer d'un huitième : de cette manière les manches tombent plus régulièrement.

La partie inférieure des manches est garnie d'une bande de soie cramoisie : la demi-largeur de cette étoffe fait la largeur de la bande, ou de la garniture.

Enfin, sur le devant de la demi-largeur de chaque manche, il faut attacher extérieurement un bouton destiné à recevoir une gance ronde, puis disposant cette gance en boutonnière, la coudre intérieurement au même point, c'est-à-dire par dessous le bouton, ou bien faire une boutonnière au bord inférieur et vis-à-vis le bouton. Tel est le moyen adopté jusqu'ici pour donner à la personne revêtue de ce costume la facilité de suspendre une partie de la manche, quand cela lui convient.

§ V.

COLLET DE LA TOGE.

PLANCHE XXIII. — FIGURE 3.

Le collet de la toge, comme ceux de tous les costumes de tribunaux, est toujours un collet droit. Sa hauteur ordinaire est de six à sept centimètres; toutefois il est bon de le déterminer d'après celle du cou de la personne; quant à sa largeur, elle doit être équivalente à la moitié de la grosseur du haut du corps.

§ VI.

CHAUSSE OU CHAPERON.

MÊME PLANCHE.—FIGURES 4, 5, 6.

La chausse est un ornement qui s'adapte sur l'épaule gauche, et dont l'étoffe est de la même couleur que la toge qui ne varie que d'après les fonctions de la personne qui doit porter ce costume; elle se compose de trois pièces, savoir : d'une épaulette (figure 4), d'un mantelet (fig. 5) et d'un écusson (figure 6).

L'épaulette (figure 4) est une bande d'étoffe pareille à celle de la toge, et qui porte cinquante centimètres de long sur huit de large.

Le mantelet (figure 5) est un autre morceau de même étoffe, dont la longueur est de trente-deux centimètres, la largeur supérieure de vingt centimètres, et la largeur inférieure de cinquante. De chaque côté du mantelet on établit deux plis qui occupent le bord de l'étoffe, donnant au milieu, son envers, la forme d'un pli crevé. Or, quand ce mantelet est plissé et que les bords sont remployés, sa largeur inférieure doit être réduite à vingt centimètres, et sa largeur supérieure à huit; on a alors la largeur de l'épaulette.

L'écusson (figure 6), ou le large bouton, doit encore être fait de même étoffe que celui de la toge. Le moule que l'on emploie consiste en un morceau de carton de moyenne épaisseur, dont la circonférence sert de patron pour découper l'étoffe destinée à le couvrir. Cet écusson doit aussi porter un gros rebord, et, à cet effet, il convient de couper en biais une petite bande d'étoffe que l'on a soin, en bordant, de remployer à la couture pour lui faire figurer un bourrelet. Enfin on assemble les trois pièces de la chausse, d'abord en joignant par une couture l'épaulette au mantelet, puis en fixant de même l'écusson sur cette couture, de telle sorte qu'il paraisse superposé, moitié sur le mantelet, et moitié sur l'épaulette.

Pour ornement au bord inférieur du mantelet, il faut consulter les lois dont nous avons donné le texte en note. (Voir page 114).

NOTICE HISTORIQUE

SUR

LA TOGE.

La toge est un vêtement d'une antique origine; elle a été adoptée sous plusieurs dénominations et chez plusieurs peuples : chez les Romains, par exemple, chez les Carthaginois, chez les Grecs, chez les Egyptiens, chez les Babyloniens, etc.; mais, comme c'est chez les Romains qu'elle a été le plus généralement et le plus long-temps en usage, nous nous bornerons à faire rapidement quelques annotations sur la toge que l'on portait à Rome, comme étant la plus connue, et celle où l'on remarque le plus de variations. Ces recherches, puisées à des sources, pour ainsi dire officielles, ne peuvent manquer d'être lues avec fruit par tous les artistes, et notamment par les artistes dramatiques.

Selon Quintilien, Denys d'Halicarnasse et d'autres auteurs de la même époque, la toge romaine était élégamment taillée en forme demi-circulaire; elle était entière du haut en bas, c'est-à-dire que le devant et le derrière n'étaient fendus ni sur leur hauteur, ni sur leur largeur.

Il est des auteurs dont les écrits porteraient à croire qu'elle ne recevait pas de manches; mais ce sentiment n'est pas généralement partagé. Du reste, si tel a pu être pendant un temps le genre de la toge, ce temps a dû être de courte durée. La toge recevait une ceinture au moyen de laquelle on pouvait la serrer à volonté; mais, chez les anciens Romains, la ceinture ne fut guère adoptée que dans l'état militaire. Ce vêtement avait encore un large repli par en bas, mais bientôt ce repli diminua insensiblement, au point qu'on le fit longtemps très petit; plus tard, on en fit deux, l'un supérieur et l'autre inférieur. Le repli supérieur s'étendait en forme de baudrier de l'épaule gauche au côté droit; quant au repli inférieur, on a dit que, pour lui donner une chute différente, on ne le faisait descendre en bas de la toge que depuis le nombril; mais, selon Quintilien, il paraîtrait plus vraisemblable que le repli inférieur recevait la même disposition, mais en sens inverse, que le repli supérieur.

La longueur de la toge n'était pas toujours uniforme, elle variait selon le rang et la fortune; la classe domestique et les prolétaires portaient une toge courte et étroite, désignée par le mot *rasa;* la classe bourgeoise et riche, ainsi que la noblesse, en portaient une plus grande, beaucoup plus ample et élégamment confectionnée, que l'on appelait *undulata,*, à cause des ondulations ou froncis qu'on y remarquait. Cependant ce que dit Horace de la longueur de la toge porterait à croire qu'en général elle aurait été fixée à six aunes, ce qui doit faire penser aussi qu'il devait y avoir alors une différence notable entre l'aune des Romains et celle dont nous nous servons aujourd'hui; et si Quintilien, qui paraît être du même avis qu'Horace, dit que le devant de la toge ne descendait qu'à mi-jambes, et que le derrière était établi dans les mêmes proportions, il ajoute aussi que, du temps de la république, il a vu des toges tellement plus longues, qu'elles descendaient jusqu'à la chaussure; et c'est par rapport à cette dernière longueur que le même auteur compare la toge au manteau grec, qui descendait aussi bas.

On ne saurait bien préciser quelle fut primitivement la couleur de la toge; on ne peut, à cet égard, que s'en rapporter à l'opinion des divers auteurs qui en ont parlé, et qui paraissent assez d'accord sur ce point. Selon eux, la toge était, dans le principe, d'une étoffe de la plus belle blancheur, et Isidore de Séville assure aussi qu'elle était du plus beau blanc, c'est-à-dire d'un blanc de neige, qu'il distinguait du blanc proprement dit. Mais, du temps de Pline et de Cicéron, il est certain qu'il y avait des toges de différentes couleurs, puisque alors on portait déjà la toge de deuil, désignée sous le nom de *pulla*, comme on le voit dans les reproches qu'adresse Cicéron à Vatinius, pour s'être présenté au festin public d'Arius en toge de deuil, c'est-à-dire d'une couleur gris obscur ou brun-noirâtre, tandis que d'innombrables convives, et le maître lui-même du banquet, y assistaient revêtus d'une toge blanche.

La toge devint à Rome un vêtement commun aux hommes et aux femmes; les esclaves ou servantes et les filles de joie la portèrent aussi; mais, pendant un certain temps, il y eut cette différence que la toge des hommes honnêtes ou vertueux fut établie dans le genre de celle des magistrats, des gouverneurs et des citoyens qui jouissaient du droit de bourgeoisie, désignée sous le nom de *prætexta*, tandis que les hommes dépravés ou méprisables en portèrent une d'un genre assez différent et assez commun pour pouvoir les reconnaître facilement. Le même ordre s'observait aussi à l'égard des femmes; leur toge fut l'indice ou de leurs vertus, ou de leurs vices. La toge a donc été le vêtement des femmes romaines; aussi, Plaute emploie-t-il ces mots : *muliebri velatus togâ*, pour parler d'un homme *vêtu d'un habit de femme;* du reste, il n'est pas facile de préciser ni l'époque où l'usage de la toge a été introduit pour les femmes romaines, ni les différences qu'on pouvait y remarquer.

La toge était encore en usage à l'armée; si elle devait faire campagne, on expédiait de Rome les toges aux divers corps d'armée, non pas précisément (selon quelques écrivains) pour s'en vêtir quand ils se rangeaient en bataille, mais pour qu'elles leur fussent d'un usage plus commode et plus salutaire quand ils prenaient quelque repos dans leurs camps. Cependant Plutarque, en parlant de Coriolan, dit que les soldats à qui on avait distribué des toges, s'en ceignaient avec une ceinture avant d'en venir aux mains, ce qui est probable (et il ne pourrait, dans tous les cas, y avoir d'erreur ou de contradiction que par rapport aux lieux ou aux époques), car Horace et Sénèque ont, par extension sans doute, employé le mot *cinctus* dans le même sens que Pline a employé le mot *strenuus*, c'est-à-dire que par *vio cinctus* ou *aptè cinctus*, ils ont voulu parler d'un *homme brave et courageux*, ce qui nous porte encore à penser qu'à cette époque les soldats romains avaient déjà donné sous ce costume des preuves incontestables de leur vaillance. Quoi qu'il en soit, il paraît certain que la toge fut en usage dans les armées romaines, et l'on ne peut en douter quand Livius (liv. 29) rapporte qu'après que la paix eut été faite avec les peuples de l'Espagne, les impôts y furent doublés cette année-là, et que pendant six mois ils furent requis de fournir des saies et des toges à l'armée romaine; et quand, plus loin (même livre), il ajoute que l'armée manquant de vêtements, on en informa Octavius pour savoir s'il pourrait, en sa qualité de préteur, s'en procurer pour elle dans cette province *; et que celui-ci, sans perdre de temps, se hâta d'expédier à l'armée douze cents toges et douze mille tuniques. A la vérité, on ne distribuait pas indistinctement des toges à tous les militaires, mais seulement à ceux qui occupaient certains grades, tels qu'aux décurions, aux centurions, etc, ainsi qu'à certains corps, comme à la cavalerie et à quelques corps d'élite. Cette restriction, du moins, paraît assez vraisemblable, à en juger par ce que dit le même auteur, qui rapporte (livre 22) que quatre mille hommes d'infanterie et de cavalerie ayant pu, dans leur retraite, parvenir jusqu'au consul, celui-ci leur fit observer que, bien que les habitants leur eussent fait bonne réception et se montrassent disposés à avoir soin d'eux, ils n'avaient pourtant donné des toges que pour les cavaliers.

Quand la toge fut généralement en usage à Rome, on en distinguait de plusieurs sortes, dont la plupart, selon Pline, Martial et Juvénal, tiraient leurs noms soit de la couleur ou de la qualité de l'étoffe, soit

* Les Romains donnaient le nom de provinces à tous les pays qui étaient au-delà de l'Italie, et en confiaient chaque division aux soins d'un gouverneur particulier.

de la longueur ou de l'ampleur du vêtement, soit de la peinture ou des ornements qu'on y adaptait selon l'âge, le mérite ou la dignité du citoyen; soit du mode de confection; soit du lieu où la toge était en usage; soit, en général, du nom de l'objet qui établissait une différence quelconque.

Parmi ces différentes espèces de toges, nous citerons les principales et les plus connues, celles que les Romains désignaient sous les noms suivants :

Toga prætexta, pura, trabea, papaverata, purpurea, picta, palmata, pulla, soriculata, scutulata, rasa, undulata, pexa, campestris, phrygiana, alexandrina, babylonica, etc.

Prætexta. — Cette toge était une sorte de robe longue et blanche, au bas de laquelle on adaptait une bordure de couleur pourpre, et qu'il n'était pas permis à chacun de porter; on voyait seulement s'en vêtir tous les magistrats, non seulement à Rome, mais encore dans les colonies et dans les villes qui jouissaient du droit de bourgeoisie; les gouverneurs de bourgades; les chefs de colléges; les prêtres, parmi lesquels on comptait aussi les augures; les sénateurs, les jours qu'il y avait jeux ou spectacles publics; les jeunes filles de bonnes mœurs, jusqu'à l'époque de leur mariage; les jeunes gens de qualité, et, plus tard, les enfants des citoyens romains, jusqu'à ce qu'ils eussent atteint leur dix-septième année.

Pura. — C'était une toge droite et simple qui ne pouvait être portée par les jeunes gens qu'à la fin de leur seizième année; cependant, il y avait dans l'année un jour consacré à Bacchus, pendant lequel il leur était permis de s'en vêtir, bien qu'ils n'eussent pas l'âge de seize ans. On l'appelait toge *virile* et toge *libre;* toge *virile,* parce qu'elle indiquait le commencement de l'âge viril, l'âge, du moins, où les jeunes gens deviennent robustes; et toge *libre*, parce que c'était précisément à l'époque où ils avaient le droit de s'en vêtir que cessait, à leur égard, la surveillance des pédagogues, et que commençait pour eux le temps de la liberté.

Trabea — On appelait ainsi trois sortes de robes. La première était celle avec laquelle on représentait les dieux, dont l'étoffe était entièrement de couleur pourpre et susceptible de recevoir divers ornements; la seconde, celle que portaient les rois, dont l'étoffe était pourprée, il est vrai, mais où l'on remarquait un peu de blanc, et la troisième, celle des prêtres et des augures, dont l'étoffe présentait un mélange de pourpre et d'écarlate.

Papaverata. — C'était une toge dont la blancheur et la finesse de l'étoffe étaient comparables à celles de la fleur du pavot.

Purpurea. — C'était purement et simplement une toge dont l'étoffe était de couleur pourpre, et à la partie inférieure de laquelle on n'adaptait pas même une bordure.

Picta. — C'était une toge dont l'étoffe, de couleur pourpre, était enrichie d'or. Les consuls portèrent cette toge en temps de paix; mais, sous la république, ils cessèrent de s'en revêtir. Elle fut appelée *picta*, parce que tout ce qui y était figuré semblait présenter une sorte de peinture.

Palmata. — C'était une toge à peu près semblable à la précédente: elle n'en différait que par les palmes qui y étaient figurées; on l'appela aussi tunique, mais ce fut à tort; du moins, telle est l'opinion de Martial, de Suétone et de Valérius. Certains auteurs ont parfois confondu ces deux derniers genres de toges, et, d'après Ausonius, il paraîtrait que la toge sur laquelle on représentait les palmes était la même que celle dont les ornements imitaient la peinture, ce qui donnerait à penser que ces palmes n'étaient qu'une variation d'ornements, ou une enjolivure qu'on y ajoutait; on l'appela *toge de vainqueur*, et l'on croit généralement que cette toge était en effet celle dont on revêtait ceux qui avaient remporté quelque triomphe.

Pulla. — C'était une toge de deuil, dont l'étoffe était de couleur gris obscur ou d'un brun noirâtre, comme on l'a déjà dit en rapportant le reproche qu'adressa Cicéron à Vatinius.

Soriculata. — C'était une toge dont l'étoffe était rayée ou bariolée.

Scutulata. — C'était une toge faite d'une étoffe à petits carreaux, ou à réseaux.

Rasa. — C'était une toge plus courte et moins ample que toutes les autres, celle dont on permettait l'usage aux prolétaires et à la classe domestique.

Undulata. — C'était une toge de longueur ordinaire, très ample, mais plissée, et généralement adoptée par la classe fortunée. Les auteurs qui en font mention n'en précisent pas la couleur. Il paraîtrait donc que la finesse de l'étoffe et les plis ou froncis qui étaient pris sur so. ampleur pour lui donner une forme ondée, en faisaient toute la différence.

Pexa. — C'était une toge faite d'une étoffe à très long poil; de-là le mot *pexatus*, pour parler de quelqu'un qui était revêtu de cette toge. Il paraît, selon quelques auteurs, qu'on ne la portait guère que pendant l'hiver, et dès-lors elle aurait été pour les Romains ce qu'est le carrick ou le manteau pour les Français.

Campestris. — C'était une toge ordinaire, généralement en usage dans les campagnes, mais qui pouvait peut-être varier, soit par la couleur, soit par la qualité de l'étoffe, soit encore par l'élégance ou la simplicité de sa confection; on se ceignait de cette toge au moyen d'une ceinture. Pedianus, dans son commentaire sur Scaurus, rapporte que Caton, fort incommodé de la chaleur, exerça sans tunique ses fonctions de préteur, mais qu'il était ceint d'une toge à la façon de celles que l'on portait à la campagne. C'est de cette toge, sans doute, ou de la toge virile que Tite-Live entend parler, quand il dit (livre 3) que lorsque le sénat eut offert la dignité de dictateur à Cincinnatus, dans le temps même qu'il était à la charrue, celui-ci, voulant se présenter dans un état plus propre et plus décent que celui où il était alors pour prendre les ordres du sénat, se fit apporter la toge qu'il avait à sa chaumière, et qu'après avoir essuyé la sueur et la poussière dont il était couvert, il s'en revêtit effectivement, et parut en public sous ce costume.

PHRYGIANA. — C'était une toge taillée dans le genre des robes phrygiennes.

ALEXANDRINA. — C'était une toge à peu près semblable aux robes que l'on portait à Alexandrie, c'est-à-dire d'une forme de robe-de-chambre très décoltée.

BABYLONICA. — C'était une toge à la façon des robes généralement en usage à Babylone, une robe-de-chambre plissée, etc., etc.

Quelle que soit l'opinion que l'on puisse se former de tous ces détails, notre seule intention, en les insérant, a été de prouver à nos lecteurs l'antique origine de la toge, en provoquant tant soit peu leur curiosité, car la coupe et la confection de la toge et de la simarre déterminées en l'an XI de la république française par le héros législateur pour composer le costume de tribunal, n'ayant encore subi aucun changement digne de remarque, l'artiste, aujourd'hui, doit uniquement s'occuper à tailler et confectionner ce costume d'après les principes que nous avons développés, et conformément à la loi publiée à ce sujet; aussi, pour lui en faciliter les moyens, avons-nous jugé nécessaire de rapporter cette loi dans la première section de ce chapitre.

CINQUIÈME SECTION.

ROBE

DES PROFESSEURS DES ÉCOLES DE MÉDECINE.

La robe des professeurs des écoles, des lycées et des colléges est la même que celle des professeurs des écoles de droit et de médecine, et la même encore, par conséquent, que celle du grand costume des avoués, ou du petit costume de leur président.

Or, ces costumes étant suffisamment décrits dans l'arrêté du 20 brumaire an XII qui règle le costume des professeurs des écoles de médecine, il serait superflu de répéter ici les détails et le développement de leurs principes. Nous nous bornons à mettre cet arrêté sous les yeux de nos lecteurs *.

* Le gouvernement de la république, sur le rapport du ministre de l'intérieur; le conseil d'état entendu,

Arrête :

Art. 1.er Les professeurs des écoles de médecine porteront un costume dans l'exercice de leurs fonctions.

Le grand costume sera porté aux examens, aux thèses, lors des prestations de serment, et des rapports aux tribunaux, et dans toutes fonctions et cérémonies publiques.

Il sera ainsi qu'il suit : Habit noir à la française; robe de soie cramoisie en satin, avec des devants en soie noire; cravate de batiste tombante; toque en soie cramoisie, avec un galon d'or, et deux galons pour celle du directeur; chausse cramoisie en soie, et bordée d'hermine.

Le petit costume sera porté aux leçons et aux assemblées particulières de l'école, et composé comme il suit :

Les ministres ou pasteurs de la religion chrétienne et réformée portent aussi une robe assez semblable à celle des avoués. Mais il y a une différence digne de remarque, c'est que les manches de la première sont moins amples que celles de la seconde, puisque deux largeurs d'étamine forment toute leur ampleur, et que leur partie inférieure se termine par un poignet que l'on ferme au moyen de deux boutons.

SIXIÈME SECTION.

MANTEAU DE NOTAIRE.

PLANCHE XXIV.

Dissertation préliminaire.

Le manteau que représente cette planche, est le costume

Robe noire d'étamine, avec des devants de soie cramoisie; la même chausse de soie cramoisie, bordée d'hermine; habit, cravate et toque comme ci-dessus.

2. Les simples docteurs en médecine, lorsqu'ils seront invités à quelque cérémonie publique, et lorsqu'ils prêteront serment, feront ou affirmeront des rapports devant les tribunaux, pourront porter le petit costume réglé à l'article 1.er

3. Les professeurs réunis de l'école, dans leurs fonctions, auront à leurs ordres un appariteur vêtu d'un habit noir, avec le manteau de la même couleur, et portant une masse d'argent.

4. Le ministre de l'intérieur est chargé de l'exécution du présent arrêté, qui sera inséré au Bulletin des lois.

de tribunal des notaires (article 9 de la loi), et fait encore partie du costume ecclésiastique.

Celui des notaires et des ecclésiastiques distingués est fait en étoffe de soie.

Celui des avocats et des agréés près le tribunal de commerce est semblable; mais, conformément à la loi, il doit être établi avec de l'étoffe de laine.

C'est de cette dernière étoffe que sont faits ceux que portent certains séminaristes; mais la partie supérieure de ceux-ci est d'une forme parallélogramme (figure 3).

Depuis long-temps ce genre de manteau est adopté dans différents ordres, mais il est habituellement très peu porté. Sa forme n'a pas encore varié, si ce n'est qu'autrefois la partie inférieure était coupée en rond (voir planche XXV, figure 1.re), comme celle de tant d'autres manteaux des laïcs; en adaptant à la partie supérieure une étoffe aussi ample, il fallait que celle-ci fût plissée de manière à avoir, malgré ses nombreux tuyaux, une chute à peu près semblable à celle des manteaux de ce genre que l'on confectionne aujourd'hui.

Quant à sa longueur, elle aussi est à peu près toujours la même, et doit, d'après la loi, se terminer au jarret. Ainsi, tous ces manteaux sont presque semblables, c'est-à-dire qu'ils sont établis de manière à pouvoir convenir à différentes statures.

Néanmoins, s'il s'agissait de tailler ce manteau de façon qu'il assortît une taille déterminée, il faudrait procéder d'après l'explication suivante.

Développement.

PLANCHE XXIV. — FIGURES 1, 2 et 3.

Ce manteau est composé de deux parties : l'une inférieure, et l'autre supérieure. La partie supérieure ou des carrures (fig. 1 et 3) est d'une seule pièce sans couture, unie et analogue à celle du dos qu'elle est destinée à recouvrir.

Pour donner à cette carrure les dimensions convenables (figure 1), on donnera pour hauteur de A à B un quart de la grosseur du haut du corps, et pour largeur de C à C les trois quarts de la même grosseur du haut, et un sixième de C à D ; et de A à E encore un sixième, ou bien un tiers, pour toute largeur de l'encolure de E à E, et de E à D un quart. Il est à remarquer que cette partie du manteau doit nécessairement avoir beaucoup de consistance, et, à cet effet, on introduit entre l'étoffe et la doublure une feuille de carton dont la forme doit être exactement la même que celle de l'étoffe ; car, sans ce soutien de carton, le manteau serait flasque, sans grâce, et ne pourrait pas plus faire partie d'un costume de tribunal que d'une parure habituelle.

La figure 3 est la partie supérieure, ou carrure du manteau de séminariste.

La partie inférieure (figure 2) comporte trois largeurs d'étoffe si le manteau est en laine, ou deux largeurs en soie, telle que lévantine ou croisée ; cette seconde partie est plissée de A à D dans toute sa longueur, et fixée au-dessous de la première, entre la doublure et le carton, et bordée extérieurement d'un ruban large de trois centimètres environ (en soie ou en laine, selon l'étoffe du manteau), et qui en effleure les bords latéraux de A à B; de B à C ne représente qu'une largeur de soie, c'est-à-dire la moitié de la largeur du manteau.

La longueur de ce manteau doit être déterminée par la mesure, c'est-à-dire être analogue à la stature de l'homme de loi ou de l'ecclésiastique.

Pour que ce manteau reste placé fixement quand il est endossé, on a coutume d'attacher à chaque extrémité E un large et fort ruban que l'on fait passer en dessus des épaules, par dessous les bras, pour le nouer derrière le dos, ce qui suffit pour maintenir ainsi le manteau avec toute la fixité nécessaire.

SEPTIÈME SECTION.

MANTEAU DES HUISSIERS.

PLANCHE XXV.

Le manteau d'huissier, d'après l'article 8 de la loi, doit venir par devant, tout en conservant par derrière la forme de ceux des notaires*.

* Voir la loi, article 8.

La partie supérieure, ou carrure de ce manteau (fig. 3), étant suffisamment expliquée ci-dessus dans le manteau du notaire, nous allons de suite passer au développement des parties qui ont rapport au derrière et aux devants de ce manteau.

DÉVELOPPEMENT.

DERRIÈRE DU MANTEAU.

FIGURE 1.

Le bord inférieur de cette partie forme le demi-cercle, et, pour répartir cette grande largeur partout égale, il faut échancrer l'étoffe en forme d'encolure, et donner à cette échancrure un douzième de la grosseur du haut du corps de A à B, en mourant à C, sur une longueur de trois huitièmes de A à C, ou bien trois-quarts de C à C, distance égale comprise entre C et C du bord inférieur des carrures (figure 3) auquel l'encolure de la partie inférieure du manteau doit être adaptée sans être plissée; c'est cette échancrure qui lui fait faire des tuyaux égaux partout.

Il est à remarquer que l'étoffe dont on fait les manteaux d'huissier n'est jamais assez large pour assortir la longueur du manteau. Il faut donc assembler deux largeurs d'étoffe pour la longueur du manteau.

Cet inconvénient a fait changer la forme des manteaux de notaires et d'ecclésiastiques qui, s'ils ne sont pas plus économiques, sont sans contredit plus gracieux.

DEVANTS DU MANTEAU.

FIGURE 1.

La partie du manteau venant par devant, dont parle la loi, a pour but les devants qui, comme pour tout autre vêtement, sont assujétis aux principes de la division de la mesure.

Après avoir marqué la longueur de A à B, on tire une ligne transversale en haut des devants, sur laquelle on marque pour largeur de A à D la moitié de la grosseur du haut; puis, pour donner une pente convenable à la couture d'épaulette, il faut abattre de D à E un douzième, et pour largeur, au bord inférieur de B à C, on donnera toute la grosseur du haut du corps, si toutefois la largeur de l'étoffe le permet, et, dans le cas contraire, on pourra donner un huitième de moins sans nuire à la bonne forme du manteau; alors on tire une ligne oblique de C à E.

Enfin, pour assembler les devants aux carrures, il faut plisser la partie supérieure de A à E, et les adapter à la couture de l'épaulette des carrures, de D à E, en les fixant entre la doublure et le carton; ensuite il faut assembler les devants à la partie du derrière de C à l'étoile, et de l'étoile à E doit rester ouvert pour y passer les bras; les bords latéraux des devants sont garnis et bordés extérieurement à plat d'un ruban large environ de trois centimètres.

Il est également nécessaire, comme pour les manteaux de notaire, d'adapter aux angles des carrures E un large et fort ruban, que l'on fait passer dessus les épaules et dessous les bras pour les nouer derrière le dos; c'est ainsi que l'on fait tenir le manteau avec toute la fixité nécessaire.

HUITIÈME SECTION.

ROBE DE BEDEAU.

PLANCHE XXVI.

On procède pour la robe des bedeaux comme pour la toge des avoués, c'est-à-dire la toge sans simarre et boutonnée par devant; mais, à la partie supérieure du dos, doit être adaptée une carrure pareille au manteau de notaire. (Planche XXIV, figure 1.re)

Toute la différence qui consiste dans la taille des manches, c'est qu'elles sont moins larges et d'une forme droite; leur longueur est égale à celle de la robe; leur largeur supérieure doit équivaloir une fois et demie à la grosseur du haut du corps, et leur largeur inférieure à la moitié seulement de cette grosseur. Quant aux autres proportions, on peut suivre celles des manches de carrick. (Planche XVII, figure 2.)

On établit sur la partie supérieure du devant des manches une ouverture perpendiculaire assez longue pour y passer l'avant-bras, de manière à pouvoir s'en servir librement; cette ouverture occupe précisément la place qu'occuperait la couture antérieure d'une autre manche.

La partie supérieure de ces manches est large et froncée comme celles de la toge; mais on adapte, dans la couture de l'emmanchure, une double bande de drap (fig. 2), destinée à recouvrir une partie des fronces. Cette bande, dont le milieu porte huit centimètres environ de largeur, se termine en pointe à ses deux extrémités.

Cependant, d'après une ordonnance de Rome, les manches devraient, au lieu d'être ouvertes comme il est dit plus haut, porter sur le milieu du bras, au-dessus de chaque manche, une fente perpendiculaire, limitée transversalement à la hauteur du bas de l'emmanchure, et présenter une espèce de ⊥ renversé, tel qu'il est marqué par une ligne ponctuée perpendiculairement et transversalement.

Dans cette fente on rapporte un morceau d'étoffe assez large pour faire des plis larges et profonds, et pour donner de l'ampleur à couvrir le bras et à pouvoir s'en servir librement.

La couleur de cette robe n'est pas la même dans tous les diocèses : les uns ont adopté le noir, d'autres le violet, d'autres encore le rouge et le brun. La forme de la coiffure présente aussi des différences. Il en est, par exemple, où les bedeaux sont coiffés d'une toque rouge et revêtus d'une robe de même étoffe et de la même couleur, surmontée d'un collet droit. Cette robe est ornée, à gauche et à droite, d'une bande de velours noir, doublé aussi d'étoffe rouge, large d'environ quinze centimètres, dont le milieu porte sur l'épaule, et dont les deux extrémités vont aboutir aux extrémités inférieures du derrière et du devant. Il y a même des diocèses où cette bande de velours, sans perdre de sa longueur, figure la pélerine dans sa partie supérieure. Ces différentes formes, ces différentes couleurs dépendent de l'orde sacerdotal.

CHAPITRE IV.

PREMIÈRE SECTION.

COIFFURES

DE MAGISTRATS, D'HOMMES DE LOI, DE PROFESSEURS ET D'ECCLÉSIASTIQUES.

PLANCHES XXVII, XXVIII.

TOQUE DE JUGE.

Remarque.

La toque de juge est un bonnet rond, que l'on peut confectionner avec du drap ou du velours, selon la qualité de la personne qui doit s'en coiffer. Sous ce rapport, comme sous ceux de l'ornement, il faut consulter la loi qui en établit les différences.

Développement.

Pour bien confectionner la toque de juge, il convient de préparer une carcasse en carton, en lui donnant la forme que l'on veut donner à cette coiffure. Cette toque doit être plus large dans le haut que dans le bas, comme on le voit sur la figure 1.re qui ne représente que la demi-circonférence de la tête, et, à cet effet, on coupe la carcasse de telle sorte que le bord inférieur de A à B forme précisément l'entrée qui convient à la grosseur de la tête.

Quant à la hauteur, elle est figurée de A à D et de B à C, mais on conçoit naturellement que cette hauteur varie d'après les diverses grosseurs de têtes. Si la circonférence de la tête est de cinquante centimètres, la hauteur de la toque pourra en comporter vingt; à une circonférence de cinquante-cinq centimètres on donnera pour hauteur vingt-un; on donnera un centimètre de plus en hauteur sur cinq centimètres de plus en circonférence. D'après cette donnée, on pourra augmenter ou diminuer la hauteur d'après la grosseur, en conservant des proportions convenables.

La forme circulaire, composée de côtes ou saillies et de renfoncements, peut aisément se régler d'après celle que représente la figure 1.re, en donnant aux côtes et aux renfoncements une largeur proportionnée à la circonférence de la coiffure.

La coiffe de la toque, indiquée par des lignes extérieurement ponctuées de A à D et de B à C sur cette figure, doit avoir un excédant d'environ six ou huit centimètres, par la raison que cette carcasse circulaire devant être piquée pour présenter des côtes et des renfoncements, il est essentiel, avant cette opération, de laisser comme excédant l'ampleur qui doit servir à les former, et même, pour leur donner plus de saillie, d'entreposer entre la coiffe et la carcasse une certaine épaisseur de ouate que la piqûre y fixe d'une manière invariable.

Le fond de la toque (figure 2) est rond et uni; le tiers du bord supérieur de la coiffe sert à établir la circonférence du fond, et le sixième devient précisément la distance qu'il doit avoir du point central à la circonférence, que l'on peut, à l'aide d'un compas, former régulièrement.

Cette toque est d'une antique origine: elle était en usage à Rome, à Carthage; elle était autrefois la coiffure des sénateurs et des magistrats; à Sparte, les éphores, ou juges, s'en coiffèrent aussi pour tenir leurs audiences et rendre justice.

DEUXIÈME SECTION.

BONNET CARRÉ.

FIGURES 3, 4, 5, 6.

Observations préliminaires.

Le bonnet carré est d'un usage fort ancien; il fut longtemps la coiffure des avocats; il fut aussi celle des prédicateurs : ces derniers l'adoptèrent parce que, trouvant dans la forme le symbole des quatre évangélistes, ils le crurent le plus convenable à leurs fonctions évangéliques. Plus tard, trouvant cette coiffure incommode, le clergé, même celui de France, n'hésita pas à substituer au bonnet carré un bonnet en forme de cône, composé de trois, quatre, cinq et six morceaux également taillés, et surmontés d'une houppette.

Développement.

Le bonnet carré est essentiellement composé de quatre pièces pour la carcasse, et d'une pour le fond. Cependant, pour avoir plus de facilité à confectionner le bonnet carré, le fond reçoit à chaque angle une petite pièce au moyen de laquelle on forme plus commodément les quatre coins du bonnet, et dont nous allons bientôt faire connaître la disposition.

Sur la figure 6, la distance comprise entre A et B représente le quart de la circonférence inférieure, de C à D le quart de sa circonférence supérieure, et de A à D et de B à C marque la hauteur.

Pour que les quatre pièces de la carcasse forment bien le carré, il est essentiel que le fond lui-même soit aussi d'un carré très exact. (Voir la figure 4.) Ce fond doit aussi porter quatre fentes dont la longueur est représentée aux quatre coins de D à C sur la même figure, et ces quatre fentes reçoivent chacune un morceau de carton dont on voit la forme (figure 5), et dont le bord inférieur, taillé uniment, doit être attaché et collé dans la fente du fond préparée à cet effet. Ce sont ces quatre pièces additionnelles qui, par la saillie ou l'élévation qu'elles donnent aux quatre coins du bonnet, en rendent la confection plus facile et plus élégante.

La coiffe est établie d'après les dimensions de la carcasse, et doit être taillée de quatre pièces, de manière que le fond, les angles et les côtés soient d'un seul morceau (figure 3); lorsque les quatre pièces sont réunies, la coiffe est établie. Ainsi, les lignes ponctuées sur la figure 3 dessinent chacune des pièces de la carcasse; la figure 6, portant pour marque distinctive un V, est pareille à la partie inférieure de la figure 3 portant la même marque; et la partie supérieure, portant pour marque distinctive un X (figure 3), est aussi pareille à chacun des côtés du fond portant aussi la même marque X. Il en est encore de même pour les quatre coins, portant pour marque distinctive la lettre H (figure 3), qui doivent couvrir le morceau de carton (figure 5) portant aussi la lettre H, et qui forme les quatre coins élevés du bonnet.

Le milieu du fond du bonnet doit être surmonté d'une houppette en soie ou en laine.

TROISIÈME SECTION.

BONNET OCTOGONE

OU BONNET CARRÉ MODIFIÉ.

PLANCHE XXVIII. — FIGURES 1, 2, 3, 4.

Observations préliminaires.

Le bonnet carré est une coiffure incommode. Cette coiffure, pour peu que l'entrée en soit trop juste à la tête, peut même serrer la tête trop fortement ; c'est pour obvier à cet inconvénient qu'on a imaginé de rendre octogone la partie supérieure, et ronde la partie inférieure. Cette heureuse combinaison exige quelques soins de plus, mais ne change rien aux principes que nous venons d'expliquer.

Développement.

Pour confectionner un bonnet ainsi modifié, on commence par tailler octogone le carton qui supporte et consolide le fond (figure 1), et on le fend, comme nous l'avons expliqué dans le paragraphe précédent, pour recevoir pareillement aux quatre coins une pièce additionnelle représentée par la figure 3 et portant pour marque distinctive la lettre H, mais d'une dimension un peu moindre que celle du bonnet précédent. (Planche XXVII, fig. 5.) Il est essentiel d'observer que la partie inférieure de la carcasse doit avoir un peu d'élévation au milieu du bord supérieur, et une légère échancrure au bord inférieur. (V. fig. 2.)

Ensuite, pour établir convenablement la coiffe que représente la figure 4, il faut la composer de quatre pièces égales, en donnant pour largeur, à leur bord inférieur de A à B, celle qui équivaut au quart de la circonférence de la tête; mais, à leur bord supérieur, une largeur plus forte et analogue au degré d'évasement qui doit atteindre le dessus du bonnet. Car il est constant que plus on laisse de largeur à la partie supérieure des quatre pièces de la carcasse, plus le bonnet se trouve évasé quand elles sont réunies, et que, pour compléter cet effet, il est nécessaire que les quatre parties de la coiffe (figure 4) soient taillées dans les mêmes dimensions que celle de la carcasse. (Fig. 2.)

Aussi les lignes ponctuées sur la figure 4 dessinent chacune des pièces de la carcasse; la figure 2, portant pour marque distinctive la lettre V, doit être pareille à la partie inférieure de la coiffe (figure 4), qui porte pareillement la marque V, et les parties supérieures portant chacune pour marque distinctive la lettre X, sont aussi pareilles aux huit pointes du fond (figure 1) et marquées pareillement par un X. Il en est encore de même pour les deux coins portant pour marque distinctive la lettre H (figure 4), qui doivent couvrir le morceau de carton qui est destiné à former les angles élevés du bonnet (figure 3) et portant pour marque distinctive la lettre H.

Pour ajouter à sa solidité et recouvrir convenablement les points des coutures, il est bon de coller intérieurement et extérieurement du papier sur les coutures ou assemblage de la carcasse.

QUATRIÈME SECTION.

BONNET ECCLÉSIASTIQUE.

FIGURE 5.

Dans l'origine, le bonnet de prêtre fut un bonnet carré. Après plusieurs modifications qu'on a fait prendre à cette forme primitive et qu'il serait trop long de détailler ici, on lui a substitué un bonnet de forme pyramidale. Cette espèce de bonnet est généralement adoptée en France.

Ces bonnets ne sont point faits uniformément; les uns sont faits en trois pièces, les autres en quatre et même en cinq pièces; mais quel que soit le nombre des pièces qui forment le bonnet, toujours est-il qu'il présente l'apparence d'un cône coupé, autrement dit, que sa forme est pyramidale.

Il faut, pour faire ces sortes de bonnets, établir une carcasse d'autant de pièces en carton que l'on veut faire de pièces dans la coiffe, car les uns et les autres doivent être exactement pareils.

La figure 5 représente un bonnet fait en trois pièces, nombre le plus souvent employé; la partie triangulaire que l'on voit en haut de cette figure forme le fond du bonnet; après avoir assemblé toutes ces pièces, le bonnet est établi. Chacun de ces bonnets est orné d'une grosse houppette faite en soie ou en laine.

Tous ces bonnets, soit toques de juge, soit bonnets carrés, octogones ou de forme pyramidale, doivent être doublés en soie ou toute autre étoffe; et pour leur conservation, il est bon de les garnir d'une petite bande de basanne qui doit former un passe-poil au bord inférieur du bonnet, et pour rendre cette garniture plus convenable, on peut faire dorer le bord intérieur.

CHAPITRE V.

PREMIÈRE SECTION.

TUNIQUE.

PLANCHE XXIX. — FIGURE I.

Observations préliminaires.

La planche XXIX représente la coupe ordinaire des tuniques. Ce vêtement est aussi uni-couture et ne demande qu'une courte explication. Quoique la tunique puisse être classée parmi les vêtements larges, sa coupe n'en est pas moins basée sur le système des proportions du corps. Mais avant d'entrer dans les détails que comporte cette coupe, il est bon de faire observer que la planche XXIX ne représente que la moitié de la tunique, comme les suivantes n'offrent aussi que la moitié de l'habit uni-couture et du vêtement complet uni-couture.

Développement.

On place d'abord la longueur de la tunique au bas de l'étoffe C et l'on marque à l'extrémité de la mesure A, puis la moitié de la grosseur du haut du corps B.

Dès-lors, pour indiquer la longueur des manches, on trace une ligne transversale de B à E; et, pour indiquer leur largeur, on marque de A à D la moitié; là on trace une autre ligne transversale de D à F, ce qui donne la largeur des manches depuis E jusqu'à F. Pour former l'encolure, on marque de A à J un tiers, de A à P un sixième de la grosseur du haut du corps; c'est dans cette limite qu'on arrondit l'encolure.

Ensuite, pour déterminer la largeur supérieure de la tunique, on donne de B à G les sept douzièmes pour le dos; on donne pour largeur supérieure des devants la même largeur du dos, c'est-à-dire sept douzièmes de D à H.

Quant à la largeur inférieure du dos et des devants de la tunique, elle se règle de la manière suivante, savoir : si la tunique ne descend que jusqu'aux genoux, on donnera de C à K une fois la largeur du haut du corps, tel que le dessin de cette planche le représente; mais dans le cas où la tunique doit descendre jusqu'aux chevilles du pied, il faudrait une plus grande largeur au bas; alors on donnerait de C à K une fois et demie la grosseur du haut du corps, et autant au bas des devants de L à M.

Si l'encolure de la tunique doit recevoir un collet, ou seulement un bord de collet (le dernier est le plus en usage pour ce vêtement), il faut ouvrir les devants sur la poitrine; mais si, au lieu de recevoir une espèce quelconque de collet, l'encolure doit être assez fortement échancrée pour que la personne puisse y passer très facilement la tête, on établit sur toute sa circonférence une coulisse dans laquelle on passe un ruban disposé de manière à la serrer à volonté, et on ne laisse alors aucune ouverture sur la partie supérieure des devants qui couvre la poitrine.

NOTICE HISTORIQUE

SUR

LA TUNIQUE.

La tunique est, ainsi que la toge, un antique vêtement dont firent usage les Romains. Dans le principe, ils portèrent la toge sans tunique, et parmi les premières tuniques, il paraîtrait qu'il y en eut de plus longues, qui leur couvraient les bras au point de ne laisser apercevoir que les mains. Or, ce genre de tunique paraît avoir été emprunté aux Carthaginois, et ce qui porte à le croire, c'est que la tunique fut portée à Carthage avant de l'être à Rome, et que cette mode de longues tuniques y était déjà reçue lorsque Ennius, selon ce qu'en rapporte Gellius, a dit que la jeunesse carthaginoise, qui en portait de semblables, était vêtue d'une manière indécente.

En effet, ce genre de tunique ne tarda pas à passer pour indécent, non seulement à Rome, mais encore dans tout le pays Latin, et l'on pensa qu'il ne convenait qu'aux femmes de porter une robe longue et traînante, ils eurent donc ensuite d'étroites et de courtes tuniques qui se terminaient au-dessus des genoux.

Or, ce qui rend vraisemblable et peut nous porter à croire que les anciens Romains ont préféré les tuniques courtes, et qu'ils les portèrent même long-temps sans manches, en les désignant alors sous le nom de *colobia*, c'est que, si beaucoup d'auteurs latins ont pu ne pas être de la même opinion sur différents points, on voit qu'ils sont constamment demeurés d'accord sur celui-ci.

On peut en effet remarquer qu'entre autres reproches qu'adressa P. Africanus à Sulpicius Gallus, qu'il connaissait pour un homme délicat, il lui fit celui de porter une tunique qui lui couvrait entièrement les mains; que, de même, Servius et Várron paraissent avoir méprisé et réprimandé ceux qui portaient des tuniques à manches et qui descendaient jusqu'aux talons; que Virgile aussi semble tourner en ridicule l'usage de semblables tuniques, en parlant ironiquement de ceux qui les portent, quant il dit (*Æneid.*, lib. IX):

Et tunicæ maniras, et habent redimicula mitræ.

Et que long-temps après, le savant Augustin rapporte encore dans ses écrits sur la Doctrine chrétienne, que c'était un déshonneur chez les Romains de porter des tuniques qui eussent des manches et qui descendissent jusqu'aux talons: *Talares ac manicatas tunicas habere apud Romanos flagitium erat*

On imagina plus tard d'adapter à la tunique un large nœud de pourpre ou d'or, en forme de clou, ce qui fit donner à cette sorte de tunique le nom de *laticlave.*

Pline (lib. IX, cap. 39) dit que Tullus Hostilius, après avoir soumis les Toscans, fut le prémier qui s'en revêtit à Rome, et il paraît certain que les autres rois continuèrent à en porter de semblables.

Cette tunique devint aussi celle des sénateurs et des chevaliers romains: le large nœud applique sur la bande d'étoffe qui s'adaptait à leur robe était la marque de leur dignité.

Gellius (lib. VII) dit qu'après que les rois eurent été chassés, les sénateurs avaient déjà, pendant quelques années, quitté la tunique pour se vêtir uniquement de la toge. Livius (lib. IX) rapporte que 31 ans après la mort de Camille, lorsque la nouvelle se répandit à Rome que l'armée, battue par les Samnites, n'avait obtenu la paix qu'en passant sous les fourches Caudines, on cessa de porter des laticlaves.

Pédiamus affirme aussi que du temps de Camille on ne portait point de tunique.

Or, comme cet abandon de la tunique se trouve répété à différentes époques et se rattache à diverses circonstances, on ne saurait affirmer quelle fut l'époque de son origine, et il n'est pas vraisemblable (comme paraîtraient l'avoir pensé quelques commentateurs) que l'usage primitif de la tunique eût été introduit, ni plusieurs années après la mort de Camille, ni même de son vivant. On objectera peut-être que l'on voyait au Capitole des statues du temps de Romulus, et à la tribune aux harangues des statues du siècle de Camille, qui, les unes et les autres, n'avaient point de tunique, mais seulement une toge, et l'on pensera pouvoir en inférer que l'usage de la tunique n'a pu être adopté qu'après la mort de Camille : cette objection paraîtra toute spécieuse et sera loin de résoudre cette question d'époque, quand on aura fait observer que du temps de Romulus la tunique n'était pas encore connue ou adoptée à Rome, tandis que du temps de Camille, l'usage de ce vêtement, comme on vient de le voir, n'y avait été que suspendu ou temporairement interdit. Enfin, quoique Gellius pense, d'après ce qu'il rapporte d'Ennius à ce sujet, que si pendant le temps qui s'écoula depuis la seconde guerre punique jusqu'à la troisième, on ne portait pas encore de tuniques à Rome, mais que l'usage de ce vêtement s'y introduisit bientôt après; c'est à cette époque qu'il faut donner la préférence pour en déterminer l'origine : toutefois, on ne saurait conclure avec certitude que cette époque vaguement indiquée fût même approximativement celle de l'origine de la tunique romaine.

Il y avait deux sortes de tuniques : l'une était *simple*, et l'autre recevait des nœuds en forme de clous; mais ces nœuds étaient ou larges ou étroits.

Pour porter une tunique à larges nœuds, ou le *laticlave*, il fallait être fils de sénateur ou de chevalier ; encore l'usage de cette sorte de vêtement ne leur était-il pas permis pendant leur adolescence, mais seulement depuis l'âge de dix-sept ans, en même temps qu'ils pouvaient se vêtir de la toge virile, jusqu'à l'âge où ils pouvaient entrer au sénat. Or, ceux qui, à cet âge, commençaient à être membres d'une curie, jouissaient, non seulement du droit de porter le laticlave, mais encore de toutes les prérogatives attachées à l'ordre des sénateurs; tandis que ceux qui n'étaient point élevés à la dignité de sénateur, ou qui se refusaient, soit pour jouir d'une vie plus douce et plus tranquille, soit dans la crainte de se voir obligés de se désister de fonctions qu'ils n'auraient pu remplir, étaient contraints de quitter le laticlave pour faire usage d'une tunique à petits nœuds, que l'on désignait sous le nom d'*augusticlave*, qui était, en effet, la tunique des chevaliers, à l'ordre desquels commençaient dès-lors à appartenir ces derniers.

Ce qui pourrait nous donner une idée approximative de la longueur que devait avoir ordinairement la tunique, c'est qu'il arriva à Cicéron de témoigner le déplaisir qu'il éprouvait en remarquant que les jeunes gens qui croupissaient dans le vice et dans la mollesse portassent des tuniques dont la longueur excédait celle qu'elle devait avoir alors, et qu'il reprocha aussi à Verrès de se vêtir d'une tunique qui lui descendait jusqu'aux talons, trouvant qu'un vêtement de cette longueur était indigne d'un citoyen romain.

Mais, pour mieux connaître quelle a dû être la longueur ordinaire de la tunique romaine que Cicéron n'indique ici que très imparfaitement, il suffit de voir ce qu'en rapporte Quintilien. Il dit, en effet (liv. XI), que les devants de la tunique que portaient ceux à qui l'usage du laticlave était interdit, descendaient un peu au-dessous du genou, et que les derrières ne dépassaient point le milieu du jarret : qu'à la vérité, il y avait aussi des tuniques qui excédaient cette longueur et d'autres qui ne l'atteignaient pas; mais que celles qui étaient plus longues étaient des tuniques de femmes, et que celles qui étaient plus courtes étaient des tuniques de centurions.

Enfin, selon l'opinion de Quintilien et de Suétone, il paraîtrait que le laticlave était frangé sur les bords des devants à peu près jusqu'où peuvent descendre les mains, et qu'il ne recevait pas de ceinture, tandis qu'on en adaptait une à l'augusticlave.

Quand à la couleur de ces deux sortes de tuniques, il est fort probablé qu'elles étaient, comme d'autres, faites d'une étoffe de couleur de pourpre?

De même que la tunique des sénateurs se distinguait de celle des chevaliers par le large nœud en forme de clou dont elle était ornée, de même aussi, selon quelques écrivains, il paraîtrait certain que la tunique *simple* et sans nœud fut celle de ceux qui n'appartenaient point à l'ordre des chevaliers.

Long-temps après, quand la tunique fut communément en usage à Rome, on imagina, dit Varron (lib. I, *De vitá populi romani*), de porter deux tuniques ou une double tunique (*binas tunicas*) : l'une inférieure, qui se mettait en-dessous (*intùs*), d'où l'on fit le mot *intusium*, ou tunique de dessous, et l'autre supérieure que l'on portait en-dessus (*palàm*), d'où vient aussi le mot *pallà*, ou tunique de dessus. Selon quelques auteurs, il paraîtrait que cette tunique de dessus était le vêtement que les femmes portaient effectivement par-dessus leur longue robe, désignée sous le nom de *stola* : et, selon Cicéron, le mot *palla* signifie aussi une sorte de robe dont se couvraient les Gaulois; comme le mot *stolà* désigne encore une longue robe semblable à celle des femmes romaines, et que portaient en Grèce l'un et l'autre sexe.

DEUXIÈME SECTION.

CAPOTE DE GUÉRITE.

MÊME PLANCHE.

La capote de guérite est une espèce de tunique à laquelle on ajoute un capuchon.

Le corps et les manches de cette capotte sont semblables au corps et aux manches de la tunique, et reçoivent par conséquent l'application des mêmes principes; seulement on adapte au dessous supérieur des manches qui recouvre les aisselles, à la ligne ponctuée de G à N et de H à O, un morceau d'étoffe taillé en triangle (figure 2) qui ôte, il est vrai, à la capote un tant soit peu de sa grâce, mais qui la rend à la fois d'une confection plus solide et plus durable.

La longueur de la capote peut varier, mais il est toujours bon, quand elle n'est pas déterminée, de lui donner un léger excédant sur la longueur de celle qui assortirait une taille ordinaire, afin de pouvoir en affubler des hommes de haute, de moyenne et de petite stature.

CAPUCHON.

FIGURES 3, 4.

La forme des capuchons des manteaux de femme (figure 4) fut long-temps adoptée pour la capote de guérite, mais par économie on imagina une autre forme, telle que la figure 3 la représente. Si cette forme manque d'élégance, on ne peut disconvenir qu'elle ne soit aussi commode.

Quelle que soit la taille que doit assortir la capote de guérite, le meilleur procédé pour en établir le capuchon est de le tailler d'après la grosseur du haut du corps.

A cet effet, on trace un demi-cercle dont les extrémités aient entre le point central une distance équivalente à une fois la grosseur du haut du corps, et l'on fixe cette distance par une ligne transversale, ou le bord de l'étoffe, telle que la figure 4* la représente.

On donne donc de A à B toute la grosseur du haut du corps, et autant de A à C, le milieu A sur lequel on tient fixement la mesure pour donner au capuchon, d'un seul trait, la rondeur convenable.

Pour adapter ce capuchon à l'encolure, il faut le plisser sur toute sa partie arrondie, de telle sorte que quand la capote est confectionnée, le côté droit, figuré par la ligne transversale, soit précisément le bord antérieur et cintré du capuchon.

FIGURE 5.

On attache ce capuchon à l'encolure de la capote en le faisant tenir par un bord de col.

Pour donner à ce capuchon des dimensions convenables,

* Pour éviter de plier la planche, j'ai dessiné cette figure par la moitié de la grosseur du haut du corps au lieu de toute la grosseur, comme il devrait être pour avoir les proportions du dessin de la tunique qui nous présente ici la capote de guérite.

il faut l'établir d'après les proportions de la mesure; mais, comme il doit être propre aussi bien aux grandes qu'aux petites tailles, il est urgent de prendre pour base une grosseur qui puisse établir un capuchon pour des hommes de petite et grande stature.

A cet effet, on marque de A à D toute la grosseur du haut du corps, de A à B les deux tiers; alors on tire une ligne verticale de B à E parallèle à celle de A à D, puis on arrondit la partie supérieure à l'angle E; pour échancrer la partie inférieure, on marque de B à C un douzième, et de C on tire une ligne qui va en mourant à A; enfin il faut échancrer à la couture de derrière F, tel que le dessin le représente.

Parmi mes confrères, quelques uns, sans doute, s'étonneront de voir figurer dans mon ouvrage une instruction sur la capote de guérite; mais il en est d'autres aussi qui apprécieront l'utilité de ces détails, quand ils sauront le vrai motif qui m'a engagé à les donner. C'est qu'en effet ces instructions ne servent pas moins à confectionner des capotes de guérite qu'à faire toutes sortes de vêtements de ce genre, soit pour les bals, soit pour les théâtres, et à arriver à pouvoir les ajuster à toutes les tailles.

QUATRIÈME PARTIE.

CHAPITRE I.

PREMIÈRE SECTION.

HABIT UNI-COUTURE.

PLANCHE XXX.

Dissertation préliminaire.

Jusqu'ici on a souvent parlé d'habit *sans coutures*, mais c'est à tort qu'on a employé cette expression, car je ne sache pas qu'aucun tailleur ait trouvé le moyen d'en confectionner avec le seul aide de sa profession, et c'est une opération impossible; on n'a jamais pu entendre des tailleurs se flatter d'avoir confectionné un seul vêtement que l'on puisse réellement appeler habit sans coutures.

Objectera-t-on, par exemple, que la robe de Jésus-Christ était d'un seul morceau et sans coutures? Sans fronder aucune opinion à ce sujet, je crois d'abord qu'il serait impossible de prouver la vérité de cette assertion traditionnelle à laquelle je ne saurais ajouter foi; ou, si je suis tenté de l'admettre, je puis affirmer que cette robe n'a pu être l'ouvrage d'un *tailleur*. Donc, à supposer (et cette hypothèse est la seule que l'on puisse invoquer à l'appui de cette tradition) qu'elle eût été celui d'un *tisserand*, il faut convenir qu'à cette époque, ce qui n'est guère croyable, il y avait des tisserands au moins aussi habiles que ceux du siècle où nous vivons.

Sans remonter, dira-t-on, à des temps aussi reculés, et sans sortir de notre pays, il est constant qu'il y a à Paris un habit réellement sans coutures, que l'on peut voir au Conservatoire des arts et métiers. On peut avancer cette assertion sans crainte d'être démenti, mais aussi il faut bien faire attention que cet habit est étranger à l'art du tailleur, et, pour s'en convaincre, il suffit de l'examiner; on reconnaît qu'il est façonné avec du feutre, ce qui prouve qu'au lieu d'être l'ouvrage d'un tailleur, il est sans doute le chef-d'œuvre d'un chapelier fouleur.

Il y a encore au Conservatoire des arts et métiers un autre vêtement réellement sans coutures : c'est une tunique en drap rouge, bien confectionnée, et dont les broderies, exécutées avec art, représentent les symboles de la Passion; elle a la forme de l'ordre de Jérusalem, ou du grand costume de franc maçon et des templiers; mais ces derniers la portent en étoffe blanche. Cette tunique fut achetée à un tailleur nommé Chabert, en vertu d'une décision ministérielle du 29 novembre 1833, et déposée au Conservatoire le 26 février 1834. Cependant, bien qu'elle ait été vendue au gouvernement par un tailleur, cette tunique est encore tout-à-fait étrangère à l'art du tailleur; elle a été tissée au boisseau, et doit être considérée comme un chef-d'œuvre de tisserand. C'est par ce procédé qu'on est parvenu à confectionner sans coutures des sacs et des tuyaux de pompes à incendie.

Il est donc constant qu'il n'y a pas encore eu un seul habit sans coutures établi par des tailleurs.

Dès-lors, à quoi bon chercher à surprendre en quelque sorte la crédulité publique en annonçant des habits *sans coutures*, quand il est avéré que sous ce rapport les progrès de l'invention ne nous permettent seulement que d'éviter par la coupe telles et telles coutures dans des vêtements appelés uni-couture, et qui ne paraissent tels aux yeux des personnes étrangères à l'art du tailleur, que quand on leur a fait observer qu'il ne faut entendre par uni-couture que le corps du vêtement dans toute son étendue avec les devants, le dos et les manches, sans y comprendre le col, les parements, les doublures, etc., qui, pour en compléter la confection, nécessitent naturellement beaucoup d'autres coutures.

Du reste, ce genre d'habit ne présente pas assez d'avantages au public pour espérer qu'il soit jamais généralement adopté; aussi tout le mérite de ce vêtement consiste-t-il dans l'invention, c'est-à-dire dans la preuve des progrès de l'art, et en effet on ne doit le considérer que comme la solution ingénieuse d'un des problêmes de la coupe.

C'est sous cet unique point de vue que je considère cette invention. Quand je pris en 1824 un brevet d'invention et de perfectionnement pour un nouveau systême qui en contenait les principes, ce fut seulement pour piquer la curiosité que je la fis figurer parmi nos productions dès l'ouverture de l'exposition nationale de 1834.

Cette pièce provoqua non seulement l'attention du public, mais encore celle des tailleurs eux-mêmes; les devants, le dos et les dessus de manches étaient d'une seule pièce.

Toutefois je dois faire remarquer que, comme dans les parties droites et plates de l'habillement la suppression des coutures n'a jamais présenté de difficultés, j'ai jugé à propos, pour faciliter la démonstration pour laquelle cet habit devait principalement servir, d y faire des coutures de côté, des coutures qui présentent des *revers*, et celles des manches, en conservant la forme plate quand il était défait, de telle façon que cet habit fût réellement le modèle qui pût servir d'instruction à pouvoir faire des habits d'une seule pièce.

Il n'est pas de tailleurs qui puissent se flatter d'avoir vu de semblables modèles avant l'époque de l'exposition; plusieurs m'ont demandé à quoi je pensais que dût servir un tel modèle : à prouver, leur dis-je, que ce qui est considéré comme impossible peut devenir très facile, que notre art fait des progrès, et au besoin à satisfaire à la fantaisie de quelqu'un qui choisirait ce genre tout particulier de vêtement.

Cet échantillon, néanmoins, demeura chose inconcevable pour quelques uns, et dès-lors encore impossible jusqu'à ce que, pour les convaincre, j'en eusse revêtu un mannequin sur lequel ils pussent reconnaître la forme réelle d'un corsage.

C'est d'après ce modèle, et profitant des explications que j'ai données durant l'exposition sur la manière de tailler un habit d'une seule pièce, qu'un nommé Jonet-Gault a pris un brevet d'invention pour un habit dit sans coutures. Quiconque désirerait être breveté pour le même habit et pour l'habillement complet d'une seule pièce dont je donne ici la démonstration, le pourra aussi bien que Jonet-Gault, mais sans privilége et sans titre d'auteur; d'avance je déclare ne m'opposer en rien à l'obtention d'un tel brevet; je me contente de prendre acte de mon invention, afin d'en rester possesseur malgré les plagiats dont je pourrais être de nouveau l'objet.

Passons au développement et aux détails de la coupe de l'habit uni-couture.

Remarque générale.

Avant d'entrer dans les détails de l'opération, je dois faire observer que, pour confectionner un habit uni-couture, il faut :

1.° Choisir une étoffe qui n'ait pas de sens apparent,

telle que la ratine, la coatingue, etc., car toute autre étoffe tirée à poil présenterait une partie de l'habit à contre-poil;

2.° Diviser la mesure, comme pour tout autre genre d'habit, d'après les explications du chapitre I.er, 3.e section.

Développement.

On pose d'abord la longueur de l'habit au bas C et on conduit le bout de la mesure en haut du dos A : on y trace une petite ligne transversale pour la partie de l'encolure du dos; après on marque la taille B, on fait une autre marque sur la moitié de la grosseur du haut D, et sur ce point on trace une ligne transversale pour la direction des manches; ensuite on pose le bout de la mesure contre la ligne et la lettre D, et la conduisant sur cette ligne on marque le coude, puis la longueur de la manche E; on marque pour la largeur supérieure du dos la moitié de la grosseur du haut du corps de D à G, puis sur la taille de B à H selon la mode que l'on voudra lui donner; alors on trace la couture des côtés; sur la taille B on trace une ligne transversale pour trouver la pente des basques. Pour la basque de l'habit, on donne d'une croix à l'autre un sixième plus la distance qu'il y a entre la poitrine et le tiers, et si l'on voulait faire une redingote, il faudrait prolonger la ligne transversale, et après avoir marqué la largeur du ventre de B à l'étoile, on marque d'une étoile à l'autre un quart, et de même, comme à l'habit, on ajoute à ce point la distance qui est entre la poitrine et le tiers; ensuite, pour régler le pli de l'habit, on doit observer que ce pli doit être moins profond au milieu qu'aux deux extrémités, cela donne du rond et emboîte les cuisses; ensuite, pour l'encolure des devants, on donne de A à J un tiers, sur ce point on trace une petite ligne transversale et on donne de J à K* un douzième qui est la mesure juste pour être boutonnée jusqu'au col, et on donne pour largeur de l'encolure de A à S un huitième; alors on dessine l'encolure; on marque encore de J à O un douzième; on pose une règle sur le point du douzième O, et sur le douzième K on tire une ligne jusqu'au bas des devants F. Il faut observer qu'il faut donner un peu de rond à la poitrine depuis l'encolure jusqu'au bas des devants, après on marque la largeur des devants de L à Q en ôtant de la mesure la distance comprise entre B et H, largeur du dos à la taille; après on marque de N à P la moitié de la grosseur du haut du corps et on trace la couture de côté : on marque aussi la moitié de la grosseur du ventre de L à V; sur ce point et sur celui en haut de l'encolure on trace une ligne entre ces deux points; alors on pose le bout de la mesure en haut de l'encolure A, on la descend sur cette ligne, on fait une marque sur les deux tiers M, là on trace une petite ligne transversale qui doit aboutir à la couture du côté P; ensuite on mesure la longueur de la couture de côté du

* Nous avertissons nos lecteurs que dans la planche XXX une erreur a été commise par le lithographe. La lettre K devait occuper la place marquée par un petit point à l'encolure où aboutissent toutes les lignes.

dos de G à H, et on donne cette même longueur à la couture de côté des devants depuis P jusqu'au bas Q; puis, posant le bout de la mesure en haut du dos A, on la descend immédiatement jusqu'au bas du devant F; c'est alors que l'on échancre les devants sur la taille en y laissant les pattes qui couvrent en même temps la couture des basques; enfin on marque la largeur inférieure des manches en donnant de E à R la moitié de la grosseur du haut du corps, en retranchant sur cette largeur un douzième à E: aussi il est urgent de donner du rond à la manche à l'endroit du coude, la valeur d'un douzième; d'après ces dernières marques, on tire une ligne cintrée pour donner à la manche la forme du bras; enfin on mesure la longueur de la manche depuis G jusqu'à E, et on donne cette longueur moins un douzième à l'opposé de P à R, pour terminer les devants; on lui donne la forme à la mode ou selon le goût de la personne.

Observations particulières.

Quelque curieux que puisse paraître l'habit uni-couture, il n'est pas à sa perfection, selon moi, par la raison qu'il ne porte pas de collet.

Toutes mes combinaisons, je dois l'avouer, ont échoué à cet égard, et je crois que l'imperfection que je signale durera encore long-temps.

Cependant, quelque convaincu que je puisse être de l'impossibilité que je vois de remédier à ce défaut, quelque incontestable qu'il me paraisse, ce n'est pas à dire pour cela qu'il faille renoncer à cette entreprise difficultueuse; je désirerais sincèrement, au contraire, que mes confrères s'étudiassent à trouver un procédé propre à obtenir dans la coupe d'un seul morceau de drap un habit uni-couture surmonté d'un collet qui touchât convenablement à l'encolure; certes ce résultat serait fort important pour cet habit, et pourrait, à mon avis, être cité parmi les inventions les plus ingénieuses.

DEUXIÈME SECTION.

HABILLEMENT COMPLET UNI-COUTURE.

PLANCHE XXXI.

§ I.er

Observations préliminaires.

Après avoir démontré les principes au moyen desquels on doit procéder pour couper un habit uni-couture, j'ai jugé nécessaire, sous divers rapports, d'enseigner comment on peut tailler un habillement complet uni-couture, ce qui, jusqu'à présent, a été considéré comme une opération tout-à-fait impossible.

Le vêtement que je présente comprend cinq objets distincts, ou cinq pièces d'habillement, savoir : un habit, un pantalon, un bonnet, des bas et des gants; ce vêtement, néanmoins, ne présente qu'un seul morceau d'étoffe.

On a souvent exprimé le désir de pouvoir faire un habillement complet avec un seul morceau d'étoffe et une seule couture, mais la coupe de ce vêtement a toujours passé jusqu'ici pour un problème insoluble aux yeux même des artistes les plus expérimentés; or, après avoir surmonté de nombreuses difficultés, je vis long-temps avec peine que celle-là pût m'arrêter; je me déterminai à chercher avec zèle la solution du problème. Il y a long-temps que je prévoyais la possibilité de réunir le pantalon à pied à l'habit, mais ce qui me parut insoluble c'était les gants, et surtout les gants à doigts. Quoique j'attache peu d'importance à une coupe aussi bizarre que celle-ci, il y avait en moi je ne sais quoi d'invincible auquel je n'ai jamais pu résister; il a donc fallu obéir et chercher une solution de pure fantaisie qu'à la fin je suis parvenu à obtenir; mais il m'a fallu, en faisant de nombreux essais, sérieusement étudier les principes de la coupe pour les combiner de manière à en obtenir le résultat qui devait couronner mes constants efforts, et je puis appliquer à ce succès l'axiome cité à l'occasion de tant d'autres : *labor improbus omnia vincit*, un travail opiniâtre vient à bout de tout.

Aujourd'hui, cependant, que j'ai réussi à pouvoir démontrer une coupe propre au vêtement complet uni-couture, aujourd'hui que cette coupe fait partie du cours que j'ai ouvert aux ouvriers tailleurs, je déclare ne m'opposer nullement à ce qu'un de mes confrères, dès qu'il se sera mis à même de confectionner un habillement de ce genre, cherche à spéculer sur le privilége relatif d'un brevet; d'avance je lui abandonne toutes mes prétentions à ce titre; car si l'habit uni-couture dont j'ai démontré les principes à d'anciens élèves, et dont j'ai confectionné un modèle qui a figuré depuis le commencement de l'exposition de 1834 parmi les produits de l'industrie nationale, a pu valoir un brevet à celui qui n'a fait le dépôt des pièces exigées à cet effet par la loi qu'à la fin de cette même exposition, je ne vois pas de raison pour que celui qui, aujourd'hui, ferait la même démarche dans le but de s'approprier l'invention de l'habillement complet uni-couture ne pût aussi, en vertu de la même loi, obtenir le brevet qu'une ambition peu honnête le pousserait à solliciter; mais, il faut le dire, le privilége de ce brevet serait fort peu de chose quant à l'utilité.

§ II.

BONNET.

Développement.

On commence par dessiner l'habit comme il est expliqué dans la première section de ce chapitre, c'est-à-dire dans le développement de la coupe de l'uni-couture.

Ensuite, pour tailler convenablement le bonnet, on

marque de A à Y sept huitièmes de la grosseur du haut du corps, ce qui termine le rond du dessus du bonnet, et de Y à l'étoile un sixième pour la forme du casque, enfin de O à F deux tiers; alors on dessine le bonnet tel que le dessin. Il est à observer que la ligne ponctuée du bonnet ne doit pas être coupée, il faut seulement y faire une couture, et la partie supérieure du bonnet qui doit figurer le casque doit être remplie de ouate, afin qu'il puisse avoir réellement la forme qu'il doit présenter le plus gracieusement possible. Or, cette partie supérieure de la coiffure, en raison surtout de l'exiguité d'étoffe due à la disposition économique et déterminée qu'exige une coupe aussi complexe, ne peut prendre qu'une forme conique; et dès-lors, comme on chercherait vainement à substituer une autre coiffure à celle dont j'ai reconnu la nécessité pour compléter avec goût cet habillement uni-couture, toute la modification dont ce bonnet serait susceptible se bornerait à en rendre le cône recourbé, ou trop petit, ou trop grand, et cette modification, comparée à la forme primitive des bonnets de ce genre que l'on portait en France à une époque encore assez récente, deviendrait ridicule.

PANTALON ET BAS.

§ III, IV.

Maintenant, pour la coupe du pantalon, il faut d'abord marquer sur l'habit un huitième depuis D à W; alors on pose une règle sur la moitié du bas de la largeur des devants V et sur le point marqué pour le double W; on trace une ligne tout du long du pantalon; mais avant de marquer la longueur du pantalon, il est à observer que, pour mesurer la longueur de côté du pantalon, il faut poser le bout de la mesure en haut sous les aisselles à la lettre P, descendre la mesure immédiatement au genou B, puis la longueur totale au bas C; et c'est pour marquer le tracé que l'on doit suivre cette même observation, en posant le bout de la mesure à la lettre P et marquant le genou B, puis la longueur totale du pantalon C. Alors on fait une marque à D vis-à-vis la lettre C sur laquelle on pose la longueur de l'entre-jambes pour la porter en haut, en marquant successivement le mollet E, le jarret F; et au bout de la mesure a G, qui détermine la longueur en haut de l'entre-jambes, et depuis a G, on trace une ligne transversale qui, faisant équerre avec la ligne longitudinale des côtés, vient aboutir à la pointe de l'entre-cuisses de derrière indiquée par une étoile; dès-lors, pour établir l'échancrure de l'entre-cuisses, on donne, depuis la ligne longitudinale de côté jusqu'à la pointe de l'entre-jambes G, toute la grosseur du jarret, ou le double de la distance comprise entre B et F, et autant de la ligne de côté jusqu'à l'étoile pour la pointe de l'entre-cuisses du derrière, et de G à H les deux tiers de l'étendue représentée par la demi-circonférence du jarret.

Il s'agit à présent de déterminer la largeur en haut du derrière du pantalon. A cet effet, on marque de 3 à 4 l'étendue de la demi-circonférence de la ceinture, et l'on trace une ligne de 4 à l'étoile un peu plus ronde que droite; puis, comme il est naturel et urgent que la personne que l'on habille ne soit pas gênée dans ses fonctions, il faut établir sur le côté, depuis le chiffre 1, une fente qui aille en biaisant aboutir au chiffre 2.

Enfin, pour soutenir les derrières du pantalon, on adapte à la pointe contiguë au chiffre 1 un bouton qui, reçu par une boutonnière ouverte sur la basque des devants de l'habit, se trouvera cachée par la patte; mais si l'on désirait rendre visible ce bouton, il conviendrait de faire à l'habit une patte à trois pointes, et de disposer le bouton de manière à lui faire occuper la pointe du milieu; dès-lors ce bouton, outre qu'il remplacerait le système des bretelles, paraîtrait encore une espèce d'ornement à la patte.

Il est aussi à remarquer qu'il est nécessaire de laisser au devant, du côté des boutons, une bande d'étoffe qui puisse figurer une brayette, depuis l'encolure jusqu'à l'échancrure du devant du pantalon. Une ligne ponctuée sur la planche dont nous développons ici le tracé représente cette bande d'étoffe et indique suffisamment les dimensions.

Cette opération exécutée, il faut marquer, d'après la mesure, les diverses largeurs des jambes, telles que le jarret, le mollet; mais celle du bas, prise du talon au coude-pied, se partage par moitié et tiers, et l'on donne au-devant de C à D un tiers; mais il est urgent, pour éviter des plis sur le coude-pied, de retrancher un peu sur ce tiers et de le faire fournir au derrière, comme il est marqué, par une ligne ponctuée qui aille en mourant se terminer au mollet. Pour la largeur du derrière au coude-pied, on donne de C à N la moitié, plus ce qu'on a retranché au devant de D au mollet, où, en donnant seulement pour largeur de la partie inférieure du devant un tiers, il manque encore un sixième sur toute la largeur; ce sixième, qui forme le complément, doit se trouver dans l'ailette de J à M, de M à K et de K à J; l'autre ailette se trouve figurée par des petits points tenant au derrière d'une part et à la semelle de l'autre part.

Pour ce qui regarde la semelle, il est facile de l'établir; elle est suffisamment représentée sur la planche, et ne nécessite aucune explication particulière; seulement je ferai remarquer que la distance comprise entre les lettres C et L forme toute sa longueur; il faut aussi que la partie inférieure des devants de C à O, ou de D à O, ait la moitié de longueur de la semelle, c'est-à-dire la moitié de la distance comprise entre C et L.

La largeur de la partie inférieure du pantalon une fois obtenue, il faut établir sur la ligne de côté, de C à X, une fente entièrement destinée à recevoir une ailette qui est figurée de J à M pour la largeur, et de J à K pour sa longueur; puis, avant d'assembler le pied du pantalon, il convient d'étirer les bords latéraux des devants au coude-pied pour faire prende à celui-ci la forme du pied.

GANTS.

Après avoir marqué le coude et la longueur des manches E, on marque également sur la ligne ponctuée la longueur des gants jusqu'à l'extrémité des doigts T; ensuite, pour faire prendre à la manche la forme du coude, il faut lui donner un peu de rond depuis G jusqu'à E, et pour obtenir ce rond, on marque d'abord à l'endroit du coude un sixième en dehors de la ligne ponctuée et un vingt-quatrième au bas de la manche E; puis pour toute largeur au coude trois quarts et au bas de la manche de E à R deux tiers, de Y à V deux tiers, de V à la croix un quart; pour la longueur du pouce et du premier doigt deux tiers, savoir: un tiers de R à V pour le pouce et un tiers de V à W pour le premier doigt; ensuite on marque les phalanges des doigts en les réglant de manière que chaque doigt reçoive en même temps son gousset pour lui donner des mouvements libres. Les chiffres 1, 2, 3 et 4 marquent les doigts, chaque gousset porte le même chiffre du doigt auquel il doit être adapté, mais les chiffres qui marquent les goussets ont pour marque distinctive un petit point en dessous; la pointe marquée par une étoile est le gousset qui doit être adapté dans la fente du pouce, les deux numéros 1 forment le doigt et le gousset de l'index, les numéros 2 en dessous T forment la moitié et les deux goussets du doigt du milieu, les numéros 3 forment le doigt et les goussets du doigt annulaire, enfin le numéro 4 près de Z est le gousset du petit doigt.

Pour donner de la facilité à lever le bras, il est bon de laisser à la partie supérieure de la manche G un morceau d'étoffe presque triangulaire, et à la lettre P, partie correspondante à G, faire une fente pour la recevoir. Ce morceau laisse les mouvements plus libres que celui de la planche XXX.

J'aurais pu dans cette section négliger certains détails qui s'expliquent assez naturellement par leurs chiffres qui en marquent les proportions; mais, en démontrant la coupe d'un vêtement aussi bizarre, j'ai dû, autant qu'il m'était possible et sans nuire à la clarté des développements, mentionner tout ce qui peut contribuer à l'instruction de l'artiste.

Quelque curieux que pourra paraître cet habillement, je sais d'avance qu'il ne sera pas sans être critiqué, car il y a des personnes qui trouvent des défauts dans ce qu'elles ne connaissent pas, et qui malheureusement n'ont pas la bonne foi de chercher à connaître; à ces personnes je donnerai le conseil de faire mieux, si elles peuvent y parvenir, de ne juger qu'en connaissance de cause, leur rappelant ce mot d'Apelle : *Ne sutor ultrà crepidam.*

CINQUIÈME PARTIE.

CHAPITRE I.

PREMIÈRE SECTION.

CHAMARRURE.

NŒUD HONGROIS.

§ 1.er — *Observations préliminaires.*

AVANT de passer au détail des chamarrures, j'ai jugé à propos, vu la simplicité du nœud hongrois et la difficulté qu'éprouvent souvent les tailleurs à l'exécuter convenablement, de placer l'instruction qui lui est propre au commencement de ce chapitre, et d'enseigner en même temps par quels procédés on peut faire des nœuds hongrois de toutes grandeurs, pour que cet ornement soit toujours d'une dimension analogue à celle du pantalon à la hussarde ou autre vêtement.

§ 2. — *Dessin du nœud hongrois.*

Pour exécuter ce dessin, on se sert d'un morceau de papier que l'on plie en deux et sur lequel on dessine la moitié du nœud (planche XXXX, figure 2) suivant les dimensions que l'on désire; plus les ronds seront spacieux, plus le nœud sera grand. Ce dessin doit se faire au crayon, afin de pouvoir y retoucher si cela devient nécessaire.

Ensuite, au moyen d'un piqueron* on pique ce dessin en suivant régulièrement les traits du crayon, et le nœud hongrois se trouve formé. (Figure 3.)

Maintenant, pour l'appliquer aux vêtements, il faut connaître les développements suivants.

* On a donné le nom de piqueron à une pointe en forme de poinçon (planche XXXIII, figure 2) que l'on peut faire soi-même, en prenant une grosse aiguille que l'on emmanche dans un morceau de bois blanc dont la mollesse permet de l'enfoncer aisément.

DEUXIÈME SECTION.

CHAMARRURE.

§ 1.er — *Conditions essentielles pour bien traiter la chamarrure.*

Pour être à même de toujours bien exécuter la chamarrure, il est nécessaire : 1.° d'en connaître la préparation et de pouvoir la préparer soi-même ; 2.° de savoir comment on dessine les divers modèles de chamarrures, afin de pouvoir les dessiner soi-même et en varier la composition ; 3.° de connaître encore la manière d'en opérer l'impression pour pouvoir achever ensuite convenablement la chamarrure.

§ 2. — *Préparation ou composition pour la chamarrure.*

On prend du blanc pulvérisé, ou bien de la farine, on met cette préparation dans un sachet de mousseline claire auquel on donne la forme d'une balle d'imprimeur ou d'un tampon.

On se sert aussi de l'encre blanche que l'on fait en pilant du blanc de céruse ou blanc d'Espagne jusqu'à ce qu'il soit réduit en poudre très fine pour le délayer ensuite avec de l'eau ; on a soin d'ajouter un peu de gomme, ou au besoin, à défaut de gomme, un peu d'empois pour qu'il s'empreigne mieux sur l'étoffe ; on ajoute également un peu d'eau-de-vie pour le faire couler plus facilement.

Enfin, on met le tout dans une petite bouteille que l'on agite jusqu'à ce qu'elle ne contienne plus qu'une substance très liquide, qui dès-lors est l'encre blanche nécessaire pour imprimer, à l'aide de la balle remplie de blanc ou de farine, toutes chamarrures qui peuvent orner l'habillement.

§ 3. — *Dessins des modèles de chamarrures.*

On pose d'abord sur une feuille de papier, comme nous l'avons dit pour le nœud hongrois, les fleurs ou les bouquets et accessoires dont se compose la chamarrure, puis on en fait le dessin au crayon, de manière à pouvoir y établir les liaisons convenables et y faire les corrections qui pourraient devenir nécessaires; puis, suivant régulièrement le tracé du crayon, on pique le dessin au moyen d'un piqueron.

Les artistes chamarreurs deviennent tellement rares de jour en jour, que parmi le grand nombre de tailleurs qui se trouvent gravement embarrassés quand ils ont à confectionner des vêtements ornés de chamarrures, il en est qui, à cause de l'extrême difficulté et de leur peu d'habitude à cet égard, se trouvent dans la nécessité de refuser ces sortes d'ouvrages.

Il est donc nécessaire que les jeunes tailleurs s'exercent aux opérations de la chamarrure pour éviter de se trouver plus tard en pareil cas, et pour n'être jamais arrêtés par aucune des difficultés que l'on rencontre dans ce genre de travail. Cette étude sera très facile à tous ceux qui ont naturellement du goût ou qui auraient appris le dessin;

mais pour cela il ne faut pas s'imaginer qu'elle doive être généralement très difficile pour ceux qui n'auraient pas eu l'avantage d'apprendre le dessin, seulement elle deviendrait un peu plus longue; mais avec un peu plus de travail ils réussiront immanquablement à bien confectionner les chamarrures, en les composant des fragments de divers dessins, et de ceux même de la broderie des femmes dont certains détails se reproduisent assez élégamment dans la chamarrure appliquée aux habits d'hommes; on peut donc choisir telle fleur dans un dessin, tel bouquet dans un autre, adopter un ramage dans celui-ci, quelque enjolivement dans celui-là, et, après avoir calqué fidèlement, combiner sa composition de manière à produire un effet satisfaisant.

Quand il s'agit d'établir des liaisons parmi les fleurs et accessoires dont se compose la chamarrure, il faut avoir grand soin que les traits du crayon se suivent tellement bien qu'on n'y aperçoive aucune déviation, aucune interruption, aucune irrégularité quelconque; et si toutefois les traits du crayon ne pouvaient que difficilement se raccorder, il faudrait alors surcharger cette liaison d'une enjolivure légère qui, en remplaçant un vide (comme cela arrive le plus communément dans une nouvelle composition) ou en masquant une imperfection, ajoute encore à la beauté de l'ensemble des différents dessins de la chamarrure que l'on établit.

Dans les grandes villes, les tailleurs ont plus de facilité à exécuter ce genre d'ouvrages, par la raison qu'ils peuvent ou commander à un dessinateur les dessins dont ils ont besoin, ou en trouver de tout préparés chez leurs confrères, et surtout chez ceux qui font de ce genre de travail leur occupation la plus habituelle.

Mais il n'en est pas de même dans les petites villes et dans les bourgs; ces ressources manquent presque toujours, et, si l'on ne peut soi-même se créer en quelque sorte des modèles de chamarrure, on se voit dans la nécessité de refuser l'ouvrage; de là, je le répète, la nécessité d'apprendre à les établir soi-même pour n'être embarrassé en aucune circonstance.

§ 4. — *Impression de la chamarrure.*

Quand le dessin d'une chamarrure est terminé, on l'applique sur l'étoffe de façon qu'il ne se dérange point.

Alors on touche sur le dessin avec la balle ou tampon, et le blanc ou la farine qui s'en échappent vont, en traversant les petits trous du piqueron qui figurent le dessin, s'appliquer sur l'étoffe pour la faire servir elle-même d'épreuve de la chamarrure.

Enfin on lève le dessin et, avec une plume détrempée d'encre blanche, on l'achève sur l'étoffe en suivant régulièrement les points imprimés qui n'ont encore été jusques là que l'esquisse, très significative il est vrai, de la composition de la chamarrure.

Il est encore à remarquer que, pour obtenir une bonne et prompte opération, il convient de se placer dans un endroit où il n'y ait pas de courant d'air qui puisse, quand on ôte le dessin imposé sur l'étoffe, faire disparaître le blanc appelé à l'y représenter, et, par cette espèce de maculâture, nécessiter une nouvelle opération.

EXPLICATION
DES
PLANCHES DE CHAMARRURE.

PLANCHE XXXII.

La figure 1.re représente la garniture d'un devant.
La figure 2 celle d'un collet à schall.

PLANCHE XXXIII.

La figure 1.re représente une chamarrure de parement composée de quatre bouquets différents que l'on peut aisément séparer pour s'en servir à volonté, c'est-à-dire en varier l'application de l'emploi.

La figure 2 est le piqueron dont il est parlé dans la note de la première section de ce chapitre.

PLANCHE XXXIV.

La figure 1.re représente un collet droit composé de trois bouquets différents. Ces bouquets sont faciles à séparer, afin que l'on puisse s'en servir pour une nouvelle composition en les accompagnant d'autres dessins; ils peuvent encore servir de garniture des bords.

La figure 2 représente un bouquet d'ornement que l'on peut placer sur différentes parties de l'habillement, et substituer par fois à l'écusson.

PLANCHE XXXV.

La figure 1.re représente un écusson. Elle peut servir d'un tour de poche dont elle ne présente que le quart.

Les figures 2 et 4 représentent la moitié de l'écusson.

La figure 3 représente une garniture qui peut au besoin servir de tour de poche.

PLANCHE XXXVI.

Les quatre figures de cette planche représentent des brandebourgs.

Observation.

Au moyen des dessins et du procédé que j'enseigne, les tailleurs qui sont éloignés des grandes villes, et auxquels il est presque impossible par conséquent de se procurer des brandebourgs tout faits chez les passementiers ou de trouver des dessins chez leurs confrères, pourront se suffire en en établissant eux-mêmes avec de la soutache qui figure par fois assez bien comme ornement, et qu'établissent les passementiers; ces brandebourgs ainsi faits peuvent encore servir de bordure.

C'est ce qu'indiquent les dessins disposés de manière à pouvoir en détacher ou appliquer séparément les divers objets dont ils sont composés, comme aussi à donner les moyens de faire de nouvelles compositions de ce genre.

SIXIÈME PARTIE.

CHAPITRE I.

PANTALON ET CULOTTE.

PLANCHE XXXVII.

Observations préliminaires.

Les principes de l'art de la coupe du pantalon et de la culotte sont constamment les mêmes quant aux proportions ou aux divisions de la mesure; toute la différence consiste dans les formes, qui varient selon la mode ou selon les fantaisies des personnes qui se font habiller.

On peut dire relativement aux pantalons, que malgré les défauts de confection que l'on rencontre dans quelques pantalons larges ou demi-collants, ce genre, naturellement préférable à tous les autres, sera fort long-temps et peut-être toujours de mode par la raison que, d'un côté, la façon en est moins difficultueuse que celle des pantalons collants, et que de l'autre ils sont d'un usage plus commode que ces derniers et servent mieux que ceux-ci à cacher les imperfections du corps.

Pour la culotte et le pantalon, le partage des proportions se trouve sur la mesure entre le genou et le mollet, c'est-à-dire au jarret dont il faut d'abord marquer la moitié de la largeur que donne sa circonférence, puis le double de cette largeur forme celle des devants depuis la couture de côté jusqu'à la pointe de l'entre-cuisses, et les deux tiers deviennent la dimension de l'échancrure des devants. En procédant régulièrement de la sorte, on est sûr de donner toujours au pantalon un écart suffisant.

Beaucoup de tailleurs, faute de bien comprendre cet invariable principe, élèvent à cet égard des controverses; toujours est-il que pour arriver au but proposé, ils sont contraints d'appliquer certains procédés compliqués qui ne sontaprès tout que des dérivés des principes dont je présenteici l'exact résumé; aussi reconnaissent-ils bientôt leur erreur toutes les fois que, pour s'en convaincre, la curiosité les porte à passer de la discussion à une claire et simple démonstration.

Il faut remarquer que, lorsqu'il s'agit d'un pantalon collant, il devient urgent de procéder avec toute la précision possible, parce que leur bonne confection est naturellement plus difficultueuse que celle des pantalons d'une largeur ordinaire; c'est-à-dire qu'elle dépend des soins extrêmes qu'on y apporte.

Maintenant, avant d'entrer dans les détails de la coupe, nous allons indiquer la manière de prendre, de marquer et de diviser la mesure.

PREMIÈRE SECTION.

MANIÈRE

DE PRENDRE ET DE MARQUER LA MESURE.

PLANCHE XXXVII. — FIGURE 1.

On pose d'abord le bout de la mesure au-dessus des hanches A, à une hauteur conforme à la mode ou au goût de la personne que l'on doit habiller; ensuite on descend immédiatement la mesure jusqu'au jarret B qui est l'indication de toute la longueur de la culotte; mais s'il s'agit d'un pantalon, on la descend jusqu'à C qui en est aussi la longueur totale. Enfin l'on marque chacune de ces longueurs en faisant une hoche des deux côtés de la mesure.

Pour déterminer la longueur de l'entre-jambes, on applique directement à sa naissance le bout de la mesure, pour la descendre d'abord jusqu'au jarret F, puis au mollet E pour une culotte, et jusqu'à D s'il s'agit d'un pantalon. On marque ensuite chacune de ces trois longueurs par une languette au bord ouvert de la mesure; on marque encore par une languette, mais au milieu de la mesure, chacune des diverses grosseurs, savoir : celle de la ceinture G, celle du haut de la cuisse H, celle du milieu de la cuisse J, celle du jarret K, celle du mollet L, et celle de la partie inférieure de la jambe N.

DEUXIÈME SECTION.

DIVISION DE LA MESURE.

FIGURE 1.

Avant de chercher les proportions dans le partage de la mesure, je ne crois pas superflu de faire observer de nouveau que c'est de la largeur équivalente à la circonférence du jarret que doit sortir cette division : elle est simple et de la plus grande facilité.

Procédé général.

On plie la mesure sur la marque du jarret; puis, doublant cette largeur, on la marque telle par une languette au bord fermé de la mesure.

Dès-lors on divise cette largeur en trois parties égales; on en marque une d'abord, puis la seconde pour une languette également au bord fermé de la mesure; enfin on marque la moitié de la ceinture en faisant un trou au milieu de la mesure, ce qui est marqué sur la mesure par un petit point.

Telle est la manière de diviser la mesure pour s'assurer de toutes les proportions à garder dans la coupe des pantalons et des culottes, comme l'on pourra facilement s'en convaincre en étudiant sérieusement les détails d'opération qui font l'objet du chapitre I.er

TROISIÈME SECTION.

CULOTTE ET PANTALON COLLANT.

PLANCHE XXXVII. — FIGURE 2.

Développement.

On commence à tracer une ligne verticale pour figurer la couture des côtés; ensuite on pose la mesure au-dessus du pantalon A, on la descend à la marque du jarret B seulement, s'il s'agit d'une culotte, puis jusqu'à la marque C s'il s'agit d'un pantalon.

Dès-lors, admettant ce dernier cas, celui du pantalon, il faut poser toute la longueur de l'entre-jambes au bas du pantalon D, marquer le mollet E, le jarret F, puis la longueur de l'entre-cuisses K, d'où l'on tire jusques sur le devant une ligne transversale qui fasse équerre avec celle de côté, et l'on marque cette dernière ligne jusqu'à la pointe de l'entre-jambes K; ensuite on donne le double de la largeur que doit produire la circonférence du jarret depuis la couture de côté jusqu'à la pointe K; on donne aussi de K à H les deux tiers, et l'on fait encore une marque au tiers.

Cela fait, il faut tracer une ligne depuis les deux tiers H jusques en haut du pont, puis mettre sur le pont la demi-largeur de la ceinture qui, si elle n'atteint pas les deux lignes, devra être autant diminuée au pont que sur les côtés, comme l'indique le dessin dont nous faisons le développement.

Cette opération finie, on doit faire depuis le genou B une échancrure qui, d'une part, aille en mourant se terminer à la ligne transversale, et d'autre part au mollet; puis, outre cette échancrure, il faut en faire une autre depuis le mollet jusqu'au bas de la jambe C, ayant soin cependant de faire décrire à cette dernière échancrure une courbe d'une profondeur un peu moindre que celle qui comporte l'échancrure du jarret B.

Enfin, après avoir marqué les diverses largeurs telles que celles du haut et du milieu de la cuisse, celles du jarret, du mollet et du bas de la jambe, on dessine les devants d'après ces indications.

Lorsque cette opération des devants est terminée, il faut les poser sur l'étoffe où l'on doit couper les derrières.

Alors, pour les jambes on donne exactement la même forme par derrière que par devant; puis on porte la mesure en haut A, et, la tenant sur le tiers du devant à l'entre-jambes, on arrondit depuis A jusqu'à G la partie supérieure des derrières, qui auront pour largeur entre ces deux lettres la demi-largeur de la ceinture. Enfin, on tracé de G à K une ligne droite, depuis le milieu de laquelle on figure deux courbes légères mais inverses, l'une extérieure jusqu'à K, et l'autre intérieure jusqu'à G, qui devient l'indication de la chute des reins.

Si le pantalon ou la culotte doivent monter plus haut que les hanches et recevoir des bretelles, les derrières ne devront point s'emboire. Si au contraire la culotte ou le pantalon doivent porter sur les hanches, sans les dépasser et sans tenir à des bretelles, il deviendra nécessaire de donner aux derrières, en largeur et en hauteur, un léger excédant qui devra s'emboire contre la ceinture.

PANTALON COLLANT A GUÊTRES.

MÊME DESSIN.

Remarque préliminaire.

Ce pantalon est fendu sur le coude-pied, et pour qu'il soit bien fait, on ne doit point le fendre au milieu; il faut donc diviser la largeur du bas de la jambe en trois et faire la fente à un tiers de la couture de côté; c'est la dimension ordinaire; mais pour établir cette fente à sa véritable place, il est nécessaire de connaître la démarche de la personne pour qui l'on confectionne ce pantalon, c'est-à-dire, de savoir si elle porte le pied ou en dehors ou en dedans, ou directement; et c'est alors qu'il devient plus facile de déterminer avec une précision suffisante la place que doit occuper la fente ou le gousset.

Développement.

Pour réussir à ajuster convenablement un gousset à guêtre, il faut d'abord, comme cela est indiqué sur le dessin (figure 5) par des petits points figurés dans plusieurs directions, prendre la mesure,

1.° De la grosseur de la partie inférieure de la jambe;

2.° De la circonférence du talon au coude-pied;

3.° De celles des différentes élévations formées par le devant à la partie supérieure du coude-pied;

4.° Et de la circonférence de l'avant-pied.

Alors on pourra reconnaître que la moitié de la largeur du coude-pied fait la longueur d'un gousset quelconque, et un peu plus que le tiers donne la largeur du gousset, et un peu moins que le tiers pour la largeur du dessous-pied (figure 6).

Ensuite on échancre le gousset et le dessous-pied à la partie latérale et concave du pied, attendu que la partie intérieure du pied est plus creuse que la partie extérieure; par conséquent le pantalon et le dessous-pied doivent être un peu échancrés pour emboîter cette concavité du pied.

QUATRIÈME SECTION.

GUÊTRE.

Les principes démontrés pour la coupe et la confection

de la guêtre qui fait corps avec le pantalon auquel elle donne son nom, doivent également s'appliquer à la guêtre isolée.

Cependant, quelle que soit cette identité de principes, il faut convenir qu'il y a peu de règles pour traiter la guêtre avec précision et avec goût, et l'on ne saurait se dissimuler les soins que l'on doit apporter à sa confection; il faut encore beaucoup d'usage, c'est-à-dire, s'être familiarisé avec ce genre de travail.

PLANCHE XXXVII. — FIGURE 2.

Observations particulières sur la culotte.

Les proportions du haut de la culotte exigeant, comme nous venons de le voir, les mêmes détails d'opération que celles du pantalon collant, il ne reste que peu de mots à dire sur la partie inférieure.

La plupart des culottes ont le défaut d'avoir un excédant de longueur à la partie inférieure des côtés, ce qui occasionne des fronces entre les boutonnières.

La raison en est que les tailleurs, en dessinant la culotte, placent B et F sur la même ligne, et par là établissent une coupe égale pour deux objets qui naturellement doivent être tant soit peu inégaux en longueur; car, puisque la rotule du genou, qui en est la partie la plus saillante, rend le cintre intérieur du jarret F inférieur à la rondeur extérieure B, il devient tout naturel, pour se conformer à ces proportions, de laisser à F un peu plus de longueur qu'au côté B, comme on peut le remarquer sur le dessin.

Il est également nécessaire d'arrondir un peu le bord inférieur des devants et d'échancrer de même celui des derrières destiné à couvrir le jarret; sans cette précaution, le mollet ferait toujours remonter le derrière de la culotte.

CINQUIÈME SECTION.

PANTALON

POUR UN HOMME D'UNE FORTE GROSSEUR.

PLANCHE XXXVII. — FIGURE 3.

On marque d'abord la longueur de côté et celle de l'entre-jambes, et l'on tire une ligne transversale; on pose ensuite la demi-largeur de la ceinture sur le pont, et depuis le haut du pont jusqu'au bas H on trace une ligne droite par devant le pont, et l'on donne sur la ligne transversale, depuis H jusqu'à K, les deux tiers de l'étendue que produit la circonférence du jarret, ce qui fournit la pointe à l'entre-jambes; mais après il faut enlever au devant tout ce dont il excède la double étendue de la circonférence du jarret, et faire à cet effet sur le côté une échancrure qui aille se terminer en mourant en haut et par en bas; puis, comme un ventre bombé occupe plus de place sur la hauteur et sur la largeur du pont, il devient nécessaire d'arrondir un peu celui-ci par devant à la couture, et surtout de le faire monter plus haut que les pantalons pour les personnes moins grosses du ventre que du haut; comme aussi il sera fort inutile d'arrondir la couture de derrière, puisque c'est là que se trouve la partie la moins saillante de cette conformation. Ainsi, soit qu'il s'agisse d'une personne qui ait le bas du corps plus gros que le haut, ou d'une personne dont le bas du corps soit bien moindre que le haut, il faudra toujours arrondir la ceinture (figure 4), sauf, dans le premier cas, c'est-à-dire pour l'homme à gros ventre, à adapter le rond de la ceinture au pantalon et à en resserrer la concavité, qui est la partie la moins large, pour emboîter le ventre; mais dans le second cas, à adapter la concavité de la ceinture au pantalon, et à en resserrer pour le haut le rond qui est la partie la plus large, pour empêcher le bord de la ceinture de brider sur les côtés.

SIXIÈME SECTION.

PANTALON A PLIS.

PLANCHE XXXVIII.

§ 1.er — *Observations préliminaires.*

Comme on l'a vu, l'entre-jambes du pantalon et de la

culotte exige toujours l'application des mêmes principes, parce qu'elle en est la partie invariable. En effet, la forme seule varie et dépend de la mode ou de la fantaisie de la personne que l'on habille*; ainsi, quelle que soit la forme du pantalon, il faudra toujours nécessairement que le circuit de l'entre-jambes soit conforme à la mesure.

§ 2. — *Développement.*

On trace d'abord une ligne verticale depuis le dessus de laquelle on laisse dépasser et aller en mourant jusqu'en bas l'étoffe nécessaire à la formation des plis; ensuite, contre cette ligne, on trace une ligne transversale pour déterminer la longueur de l'entre-jambes et pour être à même de connaître l'échancrure qui convient aux devants; on fait une marque sur cette dernière ligne, depuis la verticale jusqu'à K ou à la pointe de l'entre-jambes, pour obtenir la largeur des devants; on donne à ce pantalon, comme à tout autre, le double de l'étendue de la circonférence du jarret

* Cette variation contrarie singulièrement les partisans de la routine qui n'acquièrent qu'avec beaucoup de peine et de temps les moyens imparfaits de donner à l'habillement les formes à la mode. En effet, s'il survient une mode opposée à celle qui la précède, leur embarras est tel que les premiers vêtements qui sortent de leurs mains sont en tout ou en partie mal taillés.

Quant aux pantalons à plis, comme la mode en devient ancienne et semble devoir se perpétuer, on peut avec raison s'étonner d'y remarquer tant d'imperfections; il en est même dont les plis, au lieu de tomber directement, vont se rejoindre à l'entre-jambes, ce qui produit un effet assez désagréable, et qui, quelquefois n'est pas fort décent.

Dans de telles circonstances, on ne peut s'empêcher de reconnaître l'utilité qui résulte des principes exacts et invariables; car, à l'aide de la connaissance qu'on en a, on ne peut jamais être embarrassé, quelque variées et bizarres que puissent être les modes.

depuis la ligne de côté jusqu'à K, puis les deux tiers de cette même étendue pour établir l'échancrure de K à H.

Cette opération terminée, on fait avancer le dessus du pont pour former le premier pli en commençant au point de l'échancrure de l'entre-jambes où la brayette prend naissance, et c'est là que ce pli se perd pour maintenir tellement la grande largeur du pantalon qu'elle l'empêche de retomber à l'entre-jambes, comme cela se remarque assez fréquemment; au besoin on peut couper la brayette à même le pantalon; mais pour en conserver la bonne grâce il vaut mieux la couper séparément, tel que le représente la figure 7. S'il s'agissait de faire un pantalon à plis qui n'eût pas aux cuisses autant de largeur que l'on en donne ordinairement à ce genre de pantalon, il faudrait alors échancrer les côtés des devants, comme l'indique le dessin par des petits points figurés à cet effet.

SEPTIÈME SECTION.

PANTALON A FORME DE GUÊTRES.

PLANCHE XXXVIII. — FIGURE 1.

§ 1.er — *Observations préliminaires.*

Ce pantalon, dont la partie supérieure est soumise aux

mêmes principes que celle de tout autre, paraît à beaucoup de tailleurs d'une confection plus difficile qu'elle n'est réellement. En effet, on pourra juger aisément du peu de difficultés qu'on rencontre dans la confection de ce pantalon en examinant attentivement l'application exacte et simple des détails qu'exige sa coupe, et qu'il importe de connaître.

§ 2. — *Procédé de la coupe.*

On coupe d'abord la partie inférieure des devants du pantalon, un peu plus longue et un peu moins large que celle de derrière, sauf à faire fournir aux derrières tout ce qui se trouvera manquer aux devants; puis, comme on porte naturellement le pied plutôt en dehors qu'en dedans, il faut que cette diminution de largeur des devants porte plus sur l'entre-jambes ou en dedans que sur la couture de côté.

Ensuite on coupe, mais en biais ou en forme d'ailette, l'extrémité inférieure des derrières, et l'on étire à la couture chaque côté des devants pour faire prendre à ceux-ci la forme du pied; cependant, si l'étoffe n'est pas de nature à être étirée, il deviendra nécessaire de couper le coude-pied pour y appliquer un morceau dont la forme est indiquée par des petits points.

Enfin on coupe aussi en biais chacun des côtés de la partie inférieure des devants, pour adapter convenablement les dessous-pieds. Il faut avoir égard à la démarche de la personne, comme nous l'avons déjà dit dans les sections précédentes, en les attachant aux devants peu éloignés de la couture de l'entre-jambes, et au derrière près de la couture de côté.

En procédant ainsi et sans qu'il faille couper les devants, loin de laisser rien perdre à ce pantalon de sa bonne confection, on lui fait prendre au mieux la forme de guêtre.

HUITIÈME SECTION.

PANTALON A PIEDS.

PLANCHE XXXVIII. — FIGURE 2.

Observation préliminaire.

Les pantalons à pieds, comme ceux à guêtres, exigent pour leurs parties supérieures l'application des principes de tous les autres pantalons, et la différence consiste encore uniquement dans la partie inférieure. Cette partie du pantalon à pieds reçoit rarement une bonne confection; les uns y mettent un gousset comme aux guêtres, d'autres coupent le devant sur le coude-pied; mais, loin de servir à une bonne fin, ces deux moyens ont pour résultat le double inconvénient de rendre pénible l'entrée du pied et d'en gêner les mouvements.

Pour mener à bien cette opération, il faut, à l'imitation

des bonnetiers, donner la forme d'un bas à la partie inférieure de ce pantalon, et en faire aboutir les devants jusqu'à l'extrémité du pied.

Développement.

A cet effet, on doit mesurer la largeur du talon au coude-pied, et, cette largeur étant connue, la diviser en trois parties égales, savoir : un tiers pour les devants, un tiers pour les derrières, et un tiers pour les deux ailettes, c'est-à-dire un sixième pour chaque ailette.

Il faut avoir soin de ne pas laisser à la partie inférieure des devants sur le coude-pied autant de largeur qu'à celle des derrières, par la raison que ce défaut occasionnerait des fronces sur le coude-pied; or, pour les éviter, il convient, comme nous l'avons vu précédemment, de couper les devants un peu moins larges que les derrières, et de rendre cette différence plus sensible à la couture de l'entre-jambes qu'à celle des côtés, sauf à faire fournir aux derrières l'équivalent de cette diminution.

Il convient aussi d'étirer les coutures latérales des devants qui couvrent le coude-pied; c'est par cette précaution que l'on peut aisément faire prendre la forme du pied à la partie inférieure des devants du pantalon, comme on le voit sur la même planche, figure 6.

Pour donner une bonne forme à ce pantalon, il convient encore de faire à la partie inférieure des derrières un suçon dont l'extrémité supérieure soit plus approchée vers la couture de l'entre-jambes que vers celle des côtés; car, par là, le mollet se trouve aussi plus en dedans. Il faut en outre faire décrire à l'avant-pied du pantalon une légère inclinaison, et à la semelle une courbe conforme à celle du pied (figure 4); puis, avant d'y adapter la semelle, déterminer la forme du pied en l'échancrant à la couture de la semelle un peu plus à l'intérieur qu'à l'extérieur, attendu que le pied du pantalon doit avoir la même forme que le pied humain dont l'intérieur est naturellement un tant soit peu concave.

Il est également essentiel de ne pas échancrer autant que ceux d'un autre pantalon les devants de celui-ci depuis le dessus du pont jusqu'à l'entre-jambes, par la raison qu'en y laissant plus d'étoffe, cet excédant permet de diriger la partie inférieure du pantalon sur le côté ou en dehors, selon la dimension qu'exige la position du pied, tandis que, sans cette précaution, le pantalon aurait des plis qui biaiseraient, comme on le voit trop souvent, surtout si la personne porte le pied bien en dehors.

Toutefois, si quelqu'un désirait qu'on lui fît un pantalon aussi juste, aussi collant qu'un bas, on pourrait le lui confectionner en procédant de la manière suivante :

Il faut, en pareil cas, ouvrir la couture de côté depuis le mollet jusqu'à la cheville du pied, se procurer des agrafes plates, comme celles que j'ai représentées sur le dessin (figure 8) au-dessus d'une ailette, c'est-à-dire, qui, dans l'extrémité, au lieu d'être relevées comme celles des agrafes ordinaires, fassent crochet en se repliant sur leur épaisseur.

Faire à ces agrafes des porte-agrafes ou des brides en

fil pour les retenir, et, bien que cet assemblage soit déjà beaucoup plus plat que celui qui s'effectue avec des boutons ou même des agrafes ordinaires, il faut encore, pour les mieux dérober à la vue, établir sur toute la longueur du pantalon, comme cela se pratique quelquefois, une bande en forme de pli qui joint à l'avantage de cacher les agrafes et leurs brides celui de servir de patte à l'ouverture du pantalon.

NEUVIÈME SECTION.

CALEÇON.

Observation.

Le pont du pantalon à pieds indique suffisamment comment on doit procéder pour le caleçon.

Ce principe établi, j'ai jugé convenable de confectionner ce caleçon avec un petit pont dont la partie supérieure se termine en pointe et porte dans son milieu, c'est-à-dire à la couture, une boutonnière qui répond d'abord à un des boutons de la ceinture du caleçon et vient s'adapter ensuite à un bouton de celle du pantalon; de cette sorte, le caleçon est tellement soutenu qu'il ne peut ni tomber, ni même changer de position.

DIXIÈME SECTION.

BAS DE SANTÉ.

FIGURES 5, 6, 7, 4.

Observation préliminaire.

J'AI jugé à propos de représenter sur cette planche une sorte de bas dont les principes de confection diffèrent très peu de ceux de la partie inférieure du pantalon à pieds; mais quelque légère que soit la différence que ces bas comportent, elle mérite d'être mentionnée dans quelques courtes observations. Ce sont des bas faits ordinairement avec de la flanelle, bas dont on a toujours et avec raison recommandé l'usage aux malades et aux voyageurs, et qui dès-lors ont reçu le nom de bas de santé.

Explication.

Au lieu de mettre la flanelle à droit fil, il faut la placer de biais pour lui donner de l'élasticité; ensuite on marque les largeurs d'après la mesure.

On doit avoir soin de ne pas fendre le bas précisément au milieu, mais un peu plus sur le devant que sur les derrières, de telle sorte que la partie qui couvre le coude-pied se trouve un peu moins large que la partie du derrière, comme on peut le remarquer sur cette planche, figure 5.

Ensuite il faut étirer à la couture de l'ailette la partie destinée à couvrir le coude-pied pour lui en faire prendre convenablement la forme, comme on le voit figure 6, même planche; et, après avoir placé l'ailette, déterminer le pied du bas en prenant mesure aux divers endroits également indiqués par des petits points figurés à cet effet figures 6, 7 et 4.

Enfin, et contrairement aux semelles du pantalon à pieds qui demeurent invariablement placées, les semelles des bas de santé seront aussi posées de biais, mais également et pareillement taillées des deux côtés, par la raison que chacun de ces bas ne se trouve pas toujours mis au même pied; il faut néanmoins que l'un et l'autre assortissent toujours la forme des deux pieds.

ONZIÈME SECTION.

PANTALON UNI-COUTURE

POUR LA GROSSE CAVALERIE.

PLANCHE XXXIX.

La couture de ce pantalon doit se trouver exactement par derrière, et, pour la placer ainsi, il faut tracer sur toute la longueur du pantalon une ligne perpendiculaire qui soit distante du bord de l'étoffe d'un peu plus du tiers à l'extrémité supérieure A, et d'un peu moins à l'extrémité inférieure C.

Alors posant la mesure, non pas au bord de l'étoffe, mais bien sur la ligne que l'on vient de figurer, on voit que le haut X présente la longueur de côté, puis on fait une marque vis-à-vis le jarret B, vis-à-vis le mollet K et vis-à-vis le point C, pour indiquer la longueur totale du pantalon; l'on trace ensuite au dessous une ligne transversale un peu inclinée sur D.

Sur cette dernière ligne il faut placer la longueur de l'entre-jambes; ensuite on y fait une marque vis-à-vis le mollet E et vis-à-vis le jarret F, et le bout de la mesure détermine la longueur de l'entre-jambes.

Dès-lors on trace une ligne transversale qui fait équerre avec la ligne de côté (non pas celle du bord de l'étoffe) et qui passe sur la pointe de l'entre-jambes pour occuper toute la largeur du pantalon.

On pose ensuite sur cette ligne transversale le double de l'étendue que donne la circonférence du jarret de O à M; on prend les deux tiers pour marquer la distance de M à N; sur ce dernier point on tire une ligne verticale pour le pont et qui doit faire équerre avec la ligne transversale de N à L.

On fait dès-lors à B une échancrure un peu plus large que la distance comprise entre la grosseur du mollet et le jarret, et qui d'une part aille en mourant se terminer vis-à-vis la ligne transversale de l'entre-jambes, et d'autre part s'arrondir pour aboutir au mollet K; on vient aussi au mollet en mourant terminer au bas C : mais cette dernière échancrure doit être moins large à C qu'elle ne l'est à B.

Après cela, il faut poser la demi-largeur de la ceinture sur le pont afin d'établir celui-ci convenablement; soit qu'il faille en abattre un peu sur la largeur dans le cas où la mesure n'atteindrait pas la ligne figurée par devant, soit qu'il faille le faire sortir ou dépasser cette ligne en longueur et en grosseur s'il s'agit d'une conformation à ventre bombé, tel qu'il est marqué par des petits points.

On marque ensuite toutes les largeurs en donnant, savoir : en haut, d'une étoile à l'autre, deux fois toute la circonférence du jarret; puis au milieu de la cuisse, au jarret, au mollet et au bas de la jambe, pour toutes le double de la largeur qui leur est propre, et l'on dessine la couture d'après les marques; alors on pose la mesure en haut du pont X et, la tenant sur la pointe de l'entre-jambes M, on y pivote pour en porter le bout au-dessus du derrière que l'on arrondit de G à H.

Enfin il faut mesurer la largeur depuis le devant du pont L jusqu'à A, et l'excédant de la largeur de la ceinture devient celle de la partie supérieure du derrière de G à H; puis tracer une ligne droite de H à M et faire dévier sur cette ligne une autre ligne qui présente deux courbes, l'une supérieure et intérieure sur les reins, et l'autre inférieure et extérieure sur les fesses.

Il est encore à remarquer qu'il convient de laisser saillir en hauteur la distance comprise de X à A, attendu que cette distance fait partie du derrière.

Enfin, pour terminer, il faut mesurer la longueur entre A et C, et donner cette même longueur de D à G.

DOUZIÈME SECTION.

PANTALON HONGROIS

OU A LA HUSSARDE.

PLANCHE XXXX. — FIGURE 1.re

Ce pantalon ne diffère en rien de celui dont nous venons de démontrer les principes dans la section précédente, et demande par conséquent l'application de ces mêmes principes, avec cette différence seulement qu'il faut arrondir le derrière en commençant un peu au-dessous de l'étoile, et rapporter au devant, par une couture perdue et à poil, le morceau d'étoffe qu'on aura abattu de cette partie supérieure du derrière; la raison en est que, dès qu'il s'agit d'assortir une stature ordinaire, la largeur de l'étoffe ne permet jamais de couper ces pantalons d'une seule pièce.

De tous les pantalons, celui-ci et le précédent sont ceux qui vont le mieux, attendu qu'ils prennent parfaitement la forme de la jambe, surtout à sa partie supérieure.

Les figures 2 et 3 servent d'instruction pour le nœud hongrois, et sont suffisamment expliquées au commencement du chapitre de chamarrure.

SEPTIÈME PARTIE.

CHAPITRE I.

PREMIÈRE SECTION.

AMAZONE.

PLANCHE XXXXI.

Observations préliminaires.

L'AMAZONE est un des vêtements les plus difficiles à confectionner; mais, quand la coupe est ramenée aux principes qui lui sont réellement applicables, et que la personne pour laquelle l'on confectionne permet de l'essayer dès qu'il est bâti ou avant d'y mettre la dernière main, il devient impossible de ne pas réussir à bien traiter ce vêtement, parce qu'on a été mis progressivement à même d'opérer avec assurance, avec précision en y apportant tous les soins et toute l'exactitude possible.

Aussi, divers essais de ce genre m'ont prouvé que mon procédé, qui a toujours réussi, est celui où l'on trouve toute l'exactitude désirable.

Manière de prendre et de marquer la mesure.

FIGURE 1.

On place le bout de la mesure au-dessus du dos A, on la descend jusqu'à la taille B, puis au point de l'extrémité inférieure de la jupe C, et l'on marque chacune de ces deux longueurs par une hoche au bord fermé de la mesure.

Dès-lors on fait courber horizontalement le bras de la personne, puis, mettant le bout de la mesure au milieu du dos, sur la couture, on la porte d'abord sur le coude D, de là jusqu'à l'endroit qui fixe la longueur totale de la manche E, et, pour marquer chacune de ces deux longueurs, on fait à D et à E un trou au milieu de la mesure.

Ensuite, pour s'assurer de la longueur de la taille par devant, on pose le bout de la mesure contre le collet, au milieu de la partie supérieure du dos A, et la conduisant de là jusqu'à F, où la longueur des devants devra se trouver déterminée, on marque cette longueur par une double fente au bord ouvert de la mesure.

Il faut prendre ensuite deux fois la largeur de la poitrine, c'est-à-dire la prendre d'abord près du cou en posant le bout de la mesure contre l'os supérieur du bras ou au défaut de l'épaule, en la conduisant jusqu'au même endroit de l'autre bras pour marquer la moitié de cette largeur J par une double fente au bord ouvert de la mesure; puis la prendre encore plus bas que le cou, c'est-à-dire sur la gorge, en posant la mesure contre le bras en lui faisant décrire le contour des seins avant de l'amener au même endroit de l'autre bras, pour en marquer aussi la moitié de cette largeur K par une double fente au bord ouvert de la mesure.

Enfin, il faut prendre d'abord la grosseur de la taille et en marquer la moitié H par deux languettes au milieu de la mesure, puis la grosseur du haut du corps en faisant décrire à la mesure le contour des seins pour la faire passer et toucher au-dessous des bras, et marquer la moitié de cette dernière grosseur G par une languette au milieu de la mesure.

Il est encore bon de prendre la grosseur du poignet, et de marquer cette dernière largeur L par une languette au milieu de la mesure.

Division de la mesure.

Pour s'assurer de toutes les proportions de l'amazone, il est nécessaire d'en partager la mesure comme s'il s'agissait d'un habit d'homme.

Mais, avant d'exécuter cette division, il faut diminuer de la largeur du haut du corps la distance qui sépare les deux largeurs de poitrine; donner à cette diminution une marque quelconque, une croix par exemple, et diviser la mesure d'après cette marque qui dispense de mesurer la grosseur du corps en dessous des seins, puisqu'elle en fait connaître la mesure aussi bien que si elle était prise sur le corps lui-même et au-dessous des seins.

On divise donc l'espace compris entre la croix, extrémité supérieure de la mesure, d'abord en deux et en quatre, et l'on marque la moitié et le quart par une hoche au bord fermé de la mesure; puis on divise la mesure en trois et on marque le tiers et les deux tiers par une hoche au bord ouvert de la mesure.

Il faut aussi partager la grosseur de la taille en deux parties égales, et en marquer la moitié par un trou au milieu de la mesure.

DEUXIÈME SECTION.

CORSAGE DE L'AMAZONE.

FIGURE 2.

Développement.

Le dos de l'amazone est la partie de ce vêtement qui n'a pas de règles bien positives : on doit consulter la mode ou le goût de la personne que l'on habille; quant à celui que représente la figure 2 de la planche XXXXI, il porte de A à G le tiers de la croix qui représente la grosseur du haut du corps, il représente la moitié de cette grosseur pour la largeur de carrure.

Quand le dos est coupé, on le pose sur l'étoffe et l'on dessine aussitôt la couture de côté en suivant exactement la forme latérale du dos ; on donne ensuite de G à G et en bas de H à H la largeur du haut du corps ; on trace sur le devant une ligne parallèle à la couture du milieu du dos ; depuis H jusqu'au bas du dos on marque la moitié de la grosseur de la taille C.

Ensuite on pose le bout de la mesure à la pointe du dos A et on la descend sur la demi-grosseur de la taille, d'où la tenant fixement, on pivote pour la porter sur la première ligne des devants ; alors on fait une marque au bout de la mesure, c'est-à-dire sur le chiffre 3, puis, faisant dévier en biaisant la mesure, on établit depuis la marque du chiffre 3 jusqu'à celle 2 une distance équivalant au quart de la croix, après quoi on trace une ligne depuis la marque du chiffre 2 jusqu'à celle de la demi-grosseur de la taille C. Cette ligne est la seconde ligne des devants.

Enfin, on replace le bout de la mesure à la pointe du dos A, on la descend aussi sur la demi-grosseur de la taille C, d'où, la tenant encore fixement, on pivote pour la porter sur la deuxième ligne des devants, c'est-à-dire au chiffre 2 ; alors on fait une marque au bout de la mesure ; ensuite on ajoute, en faisant une marque sur les points 2 et 3, la distance comprise entre le tiers et la moindre largeur de poitrine, en faisant sur chacun une marque ; sur ces marques on tire une ligne oblique pour la position du dos.

On place après cela le dos contre l'angle, et l'on dessine la couture de l'épaulette. Dès-lors on marque de E à M deux tiers de la croix pour le bas de l'emmanchure, de L à K un quart pour l'encolure, et l'on établit de E à F une distance égale à la longueur de la taille de devant; mais l'intervalle compris entre K et O transversalement doit équivaloir à la moindre largeur de la poitrine.

Après ces diverses opérations, on peut dessiner l'encolure et l'emmanchure, mais il convient de diminuer légèrement le devant sur les côtés, c'est-à-dire depuis la taille jusqu'à la ligne figurée au-dessous de l'emmanchure, comme l'indique le dessin; et la raison en est bien naturelle : c'est que les femmes ont presque toujours le corps plus concave dans les côtés que les hommes; il est rare d'en trouver dont le corps ne présente pas cette différence de conformation. Ensuite on pose la mesure à l'angle L, et, depuis le point de l'emmanchure jusqu'à l'étoile qui lui est diamétralement opposée, on trace une ligne courbe et ponctuée pour arrondir là la poitrine prise sur le milieu des seins; c'est cette courbe décrite depuis l'emmanchure jusqu'à l'étoile qui limite les suçons, et si cette distance représente amplement celle qu'indique la mesure, on peut en inférer que les devants sont bien établis.

Il faut encore tracer une ligne semblable à celle-ci, depuis F jusqu'à la demi-grosseur de la taille, pour arrondir la partie inférieure des devants qui, en remontant bientôt par l'effet des suçons, rendent cette dernière ligne courbe moins saillante qu'elle ne l'est alors.

Enfin, il faut ajuster le corsage d'après la mesure de la taille et, à cet effet, diviser en quatre parties égales la distance comprise entre la grosseur de la taille et celle du haut du corps: le quart de cette distance fait la largeur d'un suçon; ainsi on établit trois suçons sur le devant, et le quatrième au bord du devant, c'est-à-dire de F à l'étoile, et, en traçant la ligne du suçon de F à l'étoile, on fait dévier cette ligne depuis l'étoile jusqu'à K pour donner de l'aisance et de la bonne grâce sur la poitrine; c'est ainsi que la largeur de la taille se trouve répartie et réglée suivant la mesure.

TROISIÈME SECTION.

JUPE DE L'AMAZONE.

FIGURE 4.

La largeur des derrières de la jupe de B à E doit ordinairement comporter toute la largeur de la taille, mais celle des devants n'en avoir que les deux tiers de B à D.

Le derrière de la jupe doit être plissé sur un tiers de la grosseur de la taille, et les devants de cette jupe sont unis et sans plis, mais il est essentiel d'empêcher les devants de brider sur le ventre et sur les genoux; il faut donc les échancrer au milieu de la partie supérieure ou sur le buste.

Il faut aussi établir sur chaque côté une fente qui toutefois devra rester inaperçue au moyen d'une patte qu'on aura eu la précaution de réserver sur chacun des côtés postérieurs.

Quant à la partie inférieure de la jupe de l'amazone, elle ne peut pas être assujétie à des règles fixes; il convient, à cet égard, de la déterminer d'après le goût de la personne, ou selon la mode de l'époque. On sait, par exemple, que, pour une femme d'une taille ordinaire, cette largeur du bas de la jupe comporte assez ordinairement deux aunes et demie ou trois mètres.

Enfin, pour la queue, un tiers, une demie ou trois quarts d'aune au plus déterminent convenablement la longueur; mais ici, comme en tant d'autres circonstances, il est bon d'accomplir autant que possible le désir de la personne pour qui l'on confectionne le costume.

Pour couper les manches d'après les principes exacts qui leur sont propres, il faut appliquer ceux que nous avons développés au chapitre IV, deuxième section, et qui sont représentés sur la planche IX, figures 2 et 3.

CHAPITRE II.

CALEÇON POUR FEMME.

PLANCHE XXXXII. — FIGURE 1.

Observations préliminaires.

Les principes applicables à ce caleçon diffèrent très peu de ceux qui ont été développés pour la culotte et le pantalon.

Quant au partage des proportions, il est toujours le même, c'est-à-dire qu'il se trouve sur la mesure entre le genou et le mollet, ou, pour mieux dire, au jarret.

Manière de prendre la mesure.

Une des vertus qui caractérisent et embellissent le plus les femmes, c'est sans contredit la modestie; aussi la plupart d'entr'elles, quel que soit d'ailleurs leur désir de posséder un caleçon, s'effarouchent-elles à la seule idée d'en laisser prendre la mesure. Elles renoncent donc à porter ce vêtement commode dans la supposition où elles sont qu'on ne pourrait en prendre la mesure sans que leur pudeur n'eût à en souffrir.

Il devient donc opportun ici de faire connaître par quel moyen, entièrement rassurant pour les mœurs, nous arrivons promptement à prendre la mesure nécessaire à la confection de ce vêtement.

D'abord on procède par dessus la robe; à cet effet, on pose le bout de la mesure au-dessus des hanches, puis on la descend immédiatement jusqu'au dessous du genou, c'est-à-dire au jarret : dès-lors c'est le jarret qui détermine la longueur du caleçon, et c'est de l'étendue que prend la circonférence du jarret que doit sortir la division de la mesure.

Comme on le voit, ce moyen est prompt, assuré et conforme aux principes de la plus sévère bienséance; il est en outre assez simple pour que la personne puisse elle-même prendre la mesure de son caleçon, et il n'a rien, comme on voit, qui puisse alarmer la pudeur.

Division de la mesure.

Comme nous venons de le dire, on place en premier lieu la mesure sur la marque du jarret, en doublant cette largeur, en faisant pour marque une languette au bord fermé de la mesure, ce qui donne précisément la largeur de la couture de côté jusqu'à la pointe de l'entre-jambes D; ensuite on la divise en trois parties égales dont on marque d'abord la première, puis la seconde par une languette au bord fermé de la mesure.

Ensuite, on plie en trois la longueur des côtés, et l'on en marque les deux tiers pour obtenir la longueur convenable de l'entre-jambes de C à D.

Développement.

Comme on tient ordinairement ce caleçon un peu large, il faut tracer une ligne large, d'abord en haut, d'un tiers de la demi-circonférence du jarret, qui aille en mourant se perdre au bas du caleçon.

Ensuite on donne pour longueur de l'entre-jambes de C à D les deux tiers de celle de côté, d'où l'on trace une ligne transversale qui fasse équerre avec celle tirée obliquement; depuis cette ligne O jusqu'à la pointe de l'entre-jambes D on établit pour distance le double de l'étendue que donne la demi-circonférence du jarret, et les deux tiers pour échancrure des devants de D à E qui, pour se croiser convenablement, doivent être moins échancrés que ceux d'une culotte ou d'un pantalon.

Maintenant il faut avancer les devants au-dessus du pont comme s'il s'agissait d'un pantalon à plis, et cet excédant servira à faire croiser les devants de telle sorte qu'ils enferment le ventre. Pour que le ventre ne soit aucunement gêné, il faut arrondir un peu la partie supérieure des devants que l'on adapte à la ceinture. Il est essentiel de donner au bas du caleçon plus de longueur que la mesure n'en présente, comme l'indique la ligne ponctuée: sans cette précaution, le caleçon s'échapperait de dessous les rubans qui, outre qu'ils servent à tenir le caleçon, servent encore de jarretières.

Cette opération étant terminée, on pose les devants sur l'étoffe où l'on veut prendre les derrières.

Alors, pour les jambes, on donne aux derrières exactement la même forme que celle des devants; ensuite, portant la mesure à la partie supérieure des côtés et la tenant à la pointe de l'entre-jambes D, on arrondit cette partie de A à G, à laquelle on doit donner de A à la croix un peu plus de largeur qu'indique la demi-largeur de la ceinture pour former des plis.

Outre ce supplément d'étoffe qu'exige la formation des plis, il faut encore en laisser dépasser une bande (dont la largeur est marquée de la croix à G) qui, depuis le haut du caleçon, aille se terminer à l'entre-jambes D; puis, sur la partie supérieure des derrières de la croix, établir une fente à laquelle viennent aboutir les ceintures, et poser les deux fentes l'une sur l'autre de manière à faire croiser les derrières avant d'y adapter les ceintures.

C'est pour mieux faire comprendre cette explication que j'ai présenté par la figure 4 un caleçon surmonté des ceintures; on y distinguera facilement que la partie des derrières qui dépasse la fente dont nous venons de parler se rattache à la partie opposée, c'est-à-dire sur l'autre derrière, et la ceinture tient les derrières croisés; cette fente donne la facilité de serrer ou de lâcher la ceinture à volonté.

J'ai encore représenté sur la même planche (figure 3) deux ceintures posées l'une sur l'autre, pour montrer à quel degré leurs extrémités doivent se croiser par devant, et faire voir la forme presque triangulaire qui prend d'une part la position des boutons, et d'autre part celle des boutonnières.

Cette combinaison a l'avantage de maintenir les devants de la ceinture, et de faire croiser convenablement le caleçon par devant comme par derrière.

On ne saurait trop conseiller aux dames d'adopter ce caleçon, les avantages qui s'y rattachent sont incalculables; leur esprit est trop subtil pour qu'elles n'en devinent pas une partie; mais n'y eût-il que l'avantage unique de les garantir de la rigueur du froid et de l'intempérie des saisons, ce serait ce nous semble raison suffisante pour en rendre l'usage général.

DEUXIÈME SECTION.

CALEÇON POUR FEMMES ENCEINTES.

FIGURE 2.

Observations préliminaires.

Ce caleçon, dont on connaît par expérience les avantages, est préférable à toutes les ceintures élastiques qui serrent le ventre dans l'endroit même où il devrait rester libre, et ne le serrent pas assez là où il devrait l'être; de plus, ces ceintures ont encore le désagrément de remonter; ajoutez à cela que leur prix assez élevé est un obstacle qui prive un grand nombre de personnes de pouvoir s'en procurer. A part l'infériorité du prix, ce caleçon est même d'une grande utilité et d'un grand soulagement; il devient par fois indispensable, attendu que, pendant le temps de la grossesse ou malgré certains accidents plus ou moins graves, on éprouve le besoin de marcher et d'agir beaucoup; il permet de vaquer à toutes occupations, et, sous ce rapport, est fort efficace contre les douleurs pour lesquelles il faudrait par fois, sans son secours, se résigner à garder le lit.

Ce caleçon emboite parfaitement le ventre, en supporte tout le poids, ne gêne dans aucune des fonctions de la vie, et préserve quelquefois d'une fausse couche la personne qui a fait un effort pour atteindre quelque chose d'élevé, comme aussi il garantit dans des chutes et d'autres accidents divers qu'il serait trop long d'énumérer ici.

Développement.

La coupe de ce caleçon présente également assez de similitude avec la coupe du précédent; toutefois, pour en mieux faire comprendre les légères différences, nous allons entrer dans quelques détails qui, d'ailleurs, ne laissent pas d'avoir de l'importance.

La principale différence à signaler consiste dans la forme des devants; il faut, en les coupant, les arrondir tant soit peu à la ceinture, mais leur donner bien plus de hauteur à la couture du milieu du pont, et aussi plus de rondeur pour le ventre qui, conjointement avec la ceinture, doivent se fermer jusqu'à l'échancrure de l'entre-jambes comme il est marqué par un point figuré à cet effet.

Il faut faire trois suçons sur la partie inférieure du ventre, et les disposer de telle sorte que leur milieu, à la plus grande largeur, se trouve correspondre exactement à l'aisne, c'est-à-dire au joint des cuisses et du ventre; mais, pour les bien établir, il faut tracer une ligne un peu courbe depuis le dessous des hanches jusqu'à la pointe de l'entre-jambes; cette ligne désigne la place que doivent occuper les suçons, et fait prendre au caleçon la forme du ventre.

Quand on a établi ces suçons, il faut d'abord attacher près de la couture des devants, à la hauteur de l'échancrure, un petit bout de ruban auquel on a donné le nom de *valet*; puis adapter à chacun des côtés de la couture latérale une large patte dont les extrémités portent des œillets contre lesquels on attache du lacet qui, après avoir passé dans les œillets correspondants de la patte opposée, tiennent encore à une autre patte plus petite et terminée en pointe, à laquelle on coud enfin un ruban destiné à passer sous le valet pour être noué par devant. Cette disposition permet aux dames de serrer ou desserrer leur caleçon à volonté, ou, pour plus de facilité, on établit un mécanisme remplissant le même but, dont le dessin se trouve sur la planche coloriée. Nous en donnons ici la description : une petite manivelle, fort ingénieuse et fort simple à la fois, se trouve adaptée au caleçon, et permet de le serrer ou de le desserrer à volonté; elle se compose de deux plaques en fer-blanc entre lesquelles passe un ruban; un bouton pratiqué au milieu fait mouvoir une roue assez semblable à un ressort de montre qui, s'appuyant sur une petite branche de fer, opère sans bruit le mouvement de rotation au moyen duquel la ceinture s'élargit ou se resserre.

La ceinture, aussi bien que le devant, doit être fermée par devant et ouverte par derrière; mais, à chacune de ses extrémités, il faut établir deux rangs d'œillets, qui pourront se croiser au commencement de la grossesse, se trouver bout à bout quand elle aura fait des progrès remarquables, et tant soit peu distants quand approchera le terme de la grossesse.

Ces caleçons se portent à l'aide de bretelles, c'est pourquoi on fait sur le devant de la ceinture deux œillets destinés à recevoir deux rubans étroits que l'on attache à l'une des extrémités de chaque bretelle. (Figure 6.)

Pour établir ces bretelles, on se sert de rubans très larges qui, d'un bout, sont attachés sur les derrières de la ceinture, et vont de l'autre bout, terminés par deux rubans, s'adapter temporairement aux devants de la ceinture où l'on a pratiqué deux petits œillets; c'est par ce moyen que les dames peuvent, à volonté, monter et descendre leur caleçon.

Il est essentiel de remarquer qu'il convient de faire croiser ces bretelles par devant en les faisant passer entre les seins pour qu'elles ne soient point incommodes et pour qu'elles ne gênent aucunement. Cette disposition, sans contredit, est préférable à toutes autres jusqu'alors en usage.

HUITIÈME PARTIE.

CHAPITRE I.

PREMIÈRE SECTION.

ROUTINES.

VARIATION DES ROUTINES.

PLANCHE XXXXIII.

Pour représenter fidèlement toutes les routines, il faudrait autant d'assortiments de modèles qu'il y a de tailleurs.

Les uns coupent d'après des patrons, d'autres à vue d'œil, ceux-ci décousent divers effets d'habillement pour en copier la coupe, ceux-là ébauchent ou bâtissent idéalement et presque au hasard les vêtements qui leur sont confiés, et pensent qu'il leur suffit, pour obtenir une bonne ou une passable confection, de se ménager la possibilité de rentrer ou d'élargir à volonté les coutures avant de mettre la dernière main à leur ouvrage.

C'est à de tels procédés que se rattachent toujours mille données qui sont autant de routines.

Ici donc, en prenant l'habit pour exemple et pour base, il m'a suffi de représenter diverses routines sur une seule planche, et de les accompagner de quelques courtes et justes observations pour faire comprendre les erreurs et les inconvénients qui résultent de toutes les routines généralement connues.

A cet effet, j'ai voulu que le modèle qui fait l'objet de la XXXIII.e planche offrit dans un même profil deux coupes d'habit différentes, pour démontrer que les variations dans la coupe du dos peuvent être susceptibles de déterminer toujours un changement total dans la forme de l'habit. On y distingue un dos étroit de carrure et large sur la taille; puis, au contraire, un dos étroit sur la taille et large de carrure, et, pour peu qu'on en suive les détails avec attention, on s'aperçoit bientôt du changement des plis, des différences d'emmanchure, d'épaulettes et des manches; mais, quelque remarquable que puisse être le changement que reçoit la coupe du dos et quelle que soit la stature que la mesure représente, le profil doit rester invariablement conforme aux proportions du corps.

Il serait à souhaiter que ceux qui ne veulent pas sortir de l'ornière des routines s'appliquassent du moins à dessiner toutes les variations imaginables de la coupe, à figurer, par exemple, des devants, des manches d'après des dos de différentes formes, fussent-elles élégantes ou bizarres, attendu que ce qui semble bizarre aujourd'hui paraîtra élégant demain; c'est pourquoi j'ai voulu figurer sur la planche dont il s'agit deux dos dont la forme paraîtra bizarre aujourd'hui, pour démontrer que les changements qui doivent se remarquer à l'emmanchure, aux épaulettes et aux manches sont encore de toute autre nature que ceux qui doivent avoir lieu à l'égard d'un autre dos (figure 3) également figuré sur la même planche, et qui occasionnera toujours un changement complet, et mon intention est de faire comprendre que ce que l'on retranche du dos se retrouve aux devants et aux manches, comme aussi les devants et les manches perdent tout ce qu'on a laissé gagner au dos. On doit être convaincu que le grand changement que l'on pense avoir opéré consiste uniquement dans le déplacement des coutures, le profil restant toujours la base invariable, comme l'indique cette planche.

DEUXIÈME SECTION.

DANGER DES ROUTINES.

Un grand nombre de tailleurs ont coutume, pour régler les plis d'un habit, de poser une règle sur la taille et sur la pointe de l'épaulette du côté de l'emmanchure; mais si l'on veut, en posant la règle de cette façon, examiner attentivement ce modèle qui fait l'objet principal de ce chapitre, on s'aperçoit bientôt des changements causés par les différentes largeurs et longueurs de taille; toutefois, pour rendre cette vérification plus commode, il est à propos de savoir que les zéros placés au bas de l'habit correspondent à ceux qui se trouvent figurés sur la taille et sur la pointe de l'épaulette à l'emmanchure, et que les X que l'on voit à l'épaulette du côté de l'encolure, correspondent aussi bien à ceux que l'on a figurés au bas de l'habit qu'aux zéros dessinés sur la taille.

Il en est de même pour l'emmanchure; s'il fallait en déterminer la forme, comme plusieurs tailleurs ont l'habitude de se régler en posant une règle sur X à la pointe de l'épaulette du côté de l'encolure et sur les zéros de la taille, on obtiendrait une emmanchure trop petite relativement aux longueurs et largeurs de la taille, comme l'indiquent les deux doubles traits figurés dans l'intérieur de l'emmanchure: ou, s'il fallait régler cette forme d'après les deux X à le pointe de l'épaulette du côté de l'encolure et sur un des zéros de la taille, il en résulterait, au contraire, une emmanchure trop grande comparativement aux largeurs et aux longueurs de la taille, comme l'indique aussi le double trait figuré en dehors des emmanchures.

Parmi les tailleurs, les uns, pour déterminer la longueur des épaulettes, d'après la partie supérieure du dos, en placent la taille sur les devants, ou se contentent d'approcher la pointe de l'emmanchure du dos contre celle de l'emmanchure des devants; les autres préfèrent donner un tiers depuis le milieu du dos jusques sur la taille ou la partie inférieure des devants, comme l'indique la croix figurée sur les devants, et à l'épaulette une longueur égale à la distance qui se trouve comprise entre la croix et le haut du dos.

Dans toutes ces données, on ne voit rien d'analogue avec la tenue du corps, rien qui concorde avec ses proportions; elles sont, au contraire, embarrassantes et dangereuses, et n'ont aucun avantage dont on puisse tenir compte.

Aussi, quoi qu'on en dise, j'ai dû employer et représenter les extrêmes, afin de prouver plus évidemment combien est erroné, vicieux et stérile le système des routines. Du reste, pour mieux se convaincre de cette vérité, on peut, après avoir sérieusement étudié le modèle qui nous occupe à l'aide de l'explication qui vient d'en être faite, le comparer aux modèles des planches II et III.

TROISIÈME SECTION.

FUNESTE EFFET DES ROUTINES.

Si à tout le moins les routines présentaient cet avantage qu'il ne fallût que peu de temps pour les connaître de manière à en faire l'application qui leur est propre, on conviendrait encore que des tailleurs pussent en préconiser les divers systèmes; mais il n'en est point ainsi: outre qu'elles ne peuvent mener à bien une opération quelconque, que par l'effet du hasard, la plupart des ouvriers les saisissent très difficilement, et il en est même qui, ne pouvant jamais les comprendre, végètent toute leur vie en restant dans l'impossibilité de s'établir.

En effet, soit que, formés sur ces quasi-méthodes, ils coupent eux-mêmes les vêtements qu'ils ont en commande, soit qu'ils les fassent tailler par un coupeur, les tailleurs les mieux famés se trouvent, malgré beaucoup de soins, dans la pénible nécessité de livrer des ouvrages défectueux en tout ou en partie, et par fois irréparablement manqués; d'où il suit que, ne pouvant que rarement en livrer d'assez bien confectionnés, ils ne tardent pas à mécontenter le public, et n'ont qu'une vogue éphémère.

Mais, ce qu'il y a de plus déplorable dans la propagation de ces faux principes de la coupe, c'est que leurs tristes effets pèsent bien plus sur l'ouvrier journalier que sur tous ceux qui sont établis, et dont la fortune, par fois, masque l'impéritie.

Et pourrait-il jamais en être autrement? Ces tailleurs routiniers peuvent-ils donner à leurs apprentis une instruction solide et vraie? non, certes; ils ne cherchent pas d'ailleurs à stimuler leur émulation. La plupart des maîtres, en effet, occupent le plus ordinairement leurs apprentis à faire des commissions, se bornent à leur donner à découdre quelques pièces d'habillement, ou à faire quelques coutures, et cela dans de rares occasions, tellement que, loin de leur apprendre l'état pour la science duquel ils ont traité de confiance, ils osent, par un abus perfide, les prendre plutôt pour valets que pour apprentis, caresser leur ignorance, et souvent les frustrer à jamais du temps le plus précieux de leur jeunesse; aussi, arrivés au terme de leur servile apprentissage, ces jeunes gens se trouvent-ils classés parmi les ouvriers sans avoir acquis le talent nécessaire pour gagner leur vie; de là, pour eux, la nécessité d'apprendre à coudre et de s'appliquer sérieusement au travail; mais ils végètent long-temps, puis, lorsque l'occasion de s'établir leur sourit, la science de la coupe leur manque, et, sans quelque hazard heureux, l'infortune, fille de l'ignorance, fait à toujours élection de domicile chez eux.

Quelques-uns néanmoins, naturellement plus studieux ou plus entreprenants, se déterminent à tenter un établissement; or, que font-ils pour le faire prospérer? S'ils n'ont pas assez d'occupation pour employer un *coupeur,* ils s'évertuent à trouver des procédés, puis, soit qu'ils les doivent au hasard ou à de bienveillants conseils, soit qu'ils les tiennent de leur propre intelligence, ils les adoptent par habitude, s'y fixent définitivement, et bientôt, aveuglés sur leur impéritie ou leur ignorance par un sot amour-propre, ils deviennent, à l'instar de leurs maîtres d'apprentissage, mais avec du temps et des pertes de toute nature, plus ou moins versés dans le vicieux et déplorable systême des routines.

Ainsi, quelles que soient les améliorations que l'on apporte dans les routines de la coupe de l'habillement, leur application sera toujours incertaine et dangereuse sans que leurs résultats cessent d'être très imparfaits et très préjudiciables. Se livrer à ce systême, c'est donc vouloir voguer sur une mer où l'on aura toujours mille écueils à redouter, et au milieu de laquelle on fera un naufrage inévitable.

Observation générale.

Je crois de mon devoir de ne point taire ici une importante vérité; c'est précisément parce que quelques rares, mais acharnés détracteurs de mon systême, ont une entière conviction que les funestes effets des routines rejaillissent toujours sur l'ouvrier et principalement sur celui sans fortune, qu'ils s'appliquent sans relâche, mais en vain, par tous les moyens imaginables, à s'ériger en censeurs et à se faire opposants à la méthode que je professe; mon systême cependant, malgré tous leurs efforts, permet à l'artiste le plus nécessiteux qui l'a réellement étudié de s'établir avec succès où bon lui semble et quand cela lui convient.

Grâces au ciel, la civilisation marche et leurs projets sont connus; ils seront mis dans l'impuissance de nuire; car dans ce siècle de lumières et de régénération, tout nous fait présager qu'à l'imitation de divers et nombreux artistes qui se sont appliqués à sortir de l'ornière des routines pour suivre l'impulsion et les ressources de leur génie, les ouvriers tailleurs sentiront enfin la nécessité de connaître un système qui peut les mettre promptement à même de tailler sciemment et avec précision, et de traiter avec goût tous les genres d'habillement dont la confection pourrait leur être confiée; alors, ils sauront éviter à l'avenir tous les piéges qu'on pourrait leur tendre pour arrêter leur émancipation industrielle, alors qu'ils se hâteront d'étudier l'art de la coupe, cet art exact et commode dont je revendique le mérite, et qu'il leur importe d'autant plus de posséder qu'il devient pour eux une source infaillible où ils sont sûrs de trouver à la fois et leur bien-être et leur indépendance.

UN MOT
SUR
L'ÉCONOMIE DE L'ETOFFE.

On s'étonnera peut-être de ne pas trouver dans cet ouvrage une instruction spéciale sur l'économie de l'étoffe, et moi je regrette beaucoup de n'avoir pu, sous ce rapport, assujétir l'art de la coupe à des principes aussi exacts, aussi commodes que ceux que j'ai développés pour toutes les opérations qui constituent l'art du tailleur; car, quelque compliqué qu'eût été ce travail, s'il eut été possible je m'y serais livré avec zèle, avec plaisir, et j'aurais, comme pour tous les autres objets dont se compose ce Manuel, offert à mes lecteurs, sur plusieurs planches, divers tableaux en harmonie avec les développements qui les eussent accompagnés.

La raison de cette lacune se trouve évidemment dans les différences de statures diverses, dans celles des largeurs d'étoffes, et dans l'inconstance des modes.

En effet, selon les caprices de la mode on porte des vêtements plus ou moins longs, plus ou moins larges, plus ou moins courts, plus ou moins collants; on y voit des basques et des revers larges, quelquefois tout le contraire;

tantôt les différences de largeurs et tantôt les variations de modes nécessitent des changements dans les combinaisons de la coupe, et font, par conséquent, varier à l'infini la disposition que l'on donne sur l'étoffe aux diverses pièces d'habillement sans réussir à les tailler avec goût et avec économie, ou avec le moins possible de perte.

Ainsi, on ne saurait révoquer en doute que, s'il n'y a pas tout-à-fait impossibilité absolue de traiter de l'économie d'étoffe, on ne le pourrait du moins qu'en se conformant à une mode déterminée et en fixant également la largeur de l'étoffe à employer, tellement que, dès qu'il surviendrait un changement, soit dans la mode, soit dans la largeur de l'étoffe, ce travail deviendrait inutile, et qu'il en faudrait nécessairement composer un nouveau tous les jours.

Nos lecteurs concevront facilement, d'après ce que nous venons de dire, que non-seulement l'économie de l'étoffe nécessiterait des traités périodiques, spéciaux et conformes à tous les changements imprévus de la mode, dans les divers genres d'habillement, mais encore à toutes les différences de largeurs d'étoffe, à toutes les statures et à toutes les conformations du corps, ce qui serait de même, sinon impossible, du moins absurde au superlatif et ridicule à l'extrême; et l'on sait que chez nous ce qui est ridicule n'est pas français.

Au surplus, pour se convaincre de cette vérité, il suffit de savoir que l'on a déjà tenté plusieurs fois de réaliser ce projet chimérique, et qu'aucun des artistes (dont toutefois je ne prétends point critiquer les efforts infructueux) qui se sont ingéniés à arriver à la solution de cet introuvable problême, n'ont pu réussir à composer un traité qui pût s'appliquer à quelques modes successives; qu'au contraire, dès qu'il est survenu des modes différentes de celles qui avaient servi de base à leur systême, on a vu passer avec les modes et leur traité et leurs combinaisons, et, quelque ingénieux que fussent du reste de tels ouvrages pour l'époque où ils ont paru, ils n'ont été et dû être classés que parmi ces productions éphémères dont il ne restait rien d'utile ou d'intéressant quelques heures après leur publication première.

Un traité de ce genre pourrait tout au plus convenir pour l'habillement militaire; encore, pour le mettre en pratique, faudrait-il que cette méthode eût été composée d'après l'ordonnance adoptée par le gouvernement, et qu'elle s'étendît à toutes les tailles, à toutes les conformations, à toutes les pièces d'habillement et à toutes largeurs d'étoffe. Du reste, soit que l'on veuille ou non établir des séries de patrons pour les diverses statures et conformations du corps, toujours est-il que l'économie réelle de l'étoffe consiste uniquement, avant de faire agir les ciseaux, à disposer le tracé de la pièce principale du vêtement de manière à pouvoir combiner le mieux qu'il est possible la coupe des pièces de moindres dimensions et celles d'une foule d'accessoires dans les morceaux d'entrecoupe et dans les retailles.

Voilà à quoi se réduit toute l'économie de l'étoffe, la

seule que l'on puisse promettre et exécuter, si l'on tient à livrer des vêtements bien traités sous tous les rapports, la seule qui soit applicable à toutes les tailles, à toutes les conformations du corps, à toutes les modes et à toutes les largeurs d'étoffes possible.

Dès-lors, c'est de l'aptitude, c'est des soins de l'artiste que le public peut attendre toute l'économie désirable.

DU BLASON.

PLANCHE XXXXIV.

Observations préliminaires.

Plusieurs siècles s'écouleront sans doute encore avant que l'habit qui imprime le stigmate de la domesticité soit entièrement aboli; nous croyons donc de notre devoir d'ajouter le blason à la fin de notre ouvrage, et d'en faire connaître l'utilité par une explication qui, bien que succinte, sera néanmoins claire et précise, et qui sera suffisante pour faire connaître les couleurs des armoiries par de simples traits gravés sur un cachet. D'après ces documents on pourra régler les couleurs de la livrée, c'est-à-dire, savoir de quelle couleur on doit faire l'habit, quelles couleurs doivent avoir la veste et la culotte, et quelles couleurs doivent avoir les enjolivements tels que le collet, les parements, le passe-poil, les aiguillettes, et encore de quel métal on doit faire les boutons. Que si l'on m'objectait que cette connaissance est inutile aux tailleurs, et que l'homme assez riche ou assez élevé en titres et dignités saura, en commandant sa livrée, donner aussi bien la couleur que la forme, je pourrai, au besoin, citer plusieurs exemples qui prouveraient aussi qu'il y a urgence que le tailleur connaisse l'armoirie. Par exemple, un seigneur veut changer sa livrée, il consulte son tailleur qui, pour le guider, propose différentes formes et couleurs et, dans ce cas-là, propose aussi bien le bleu pour le rouge, le vert pour le jaune que l'argent pour l'or, et arrive par fois à détruire, *sans le savoir*, l'harmonie qui doit exister entre les couleurs de la livrée et celles des armoiries.

Il est certain que si on passait en revue les livrées et les armoiries, on les trouverait peu conformes à l'ordre établi; il ne faut, pour se convaincre de cette vérité, que lire l'explication suivante.

Description.

Le blason est la science des armoiries, qui apprend à en nommer toutes les parties dans leurs termes propres et particuliers. Le mot *armoirie* se dit de la devise, et le mot *blason* en est le déchiffrement.

Les armoiries sont des marques d'honneur composées de certaines couleurs et figures représentées dans l'écusson pour distinguer les familles nobles. Il y en a de deux sortes, savoir : armoiries pleines et armoiries brisées; les armoiries pleines sont le partage du seul fils aîné d'une famille noble, et les armoiries brisées sont pour les puînés et les cadets.

L'écusson des demoiselles nobles n'a pas la même forme que celui des hommes; elles ont un losange pour écusson, qui est orné de quelques fragments des armes de leur père, soit fleurs, soit orné de toute autre figure.

Chaque famille, à la naissance de sa noblesse, prend

une seule couleur pour le champ de l'écu, et adopte pour ornement distinctif des figures, soit humaines, soit de quadrupèdes, de reptiles ou d'oiseaux, soit des végétaux, soit des arbres, fleurs ou toutes autres plantes, soit de l'architecture, ou bien encore des fragments de toutes ces choses; mais les couleurs et figures une fois adoptées sont conservées en ligne directe dans la famille. Les figures qui tiennent l'écusson s'appellent supports, et sont ou des figures humaines, ou des lions, ou des griffons, etc., etc., et c'est d'après les couleurs qui composent les armoiries que l'on détermine celles des livrées, savoir : le champ ou le fond de l'écu donne la couleur à l'habit, et la principale pièce de l'écu donne la couleur pour la veste et la culotte, et la moindre couleur saillante donne celle du collet, des parements, du passe-poil et des aiguillettes; la principale couleur présentant les métaux donne le métal pour les boutons et le galon s'il est en or ou en argent. Le galon en métal est fait en soubise, mais celui en soie ou en laine doit représenter la principale figure de l'écu, soit du règne animal ou du règne végétal.

La haute noblesse, telle que les ducs et les princes, fait mettre ses armes sur les boutons de la grande et petite livrée; les marquis et les comtes peuvent faire mettre leurs armes sur les boutons de la grande livrée, mais seulement leurs lettres initiales sur les boutons de la petite livrée, et les vicomtes et barons n'ont seulement sur les boutons de la grande et petite livrée que leurs lettres initiales. Toute autre personne non noble ne peut enjoliver sa livrée que par un simple passe-poil; elle peut cependant aussi faire mettre ses lettres initiales sur les boutons.

Origine du blason.

L'origine du blason se perd dans la nuit des temps. Les anciens seigneurs adoptaient des figures sur leurs boucliers pour se faire distinguer, mais sans aucune espèce de règles. On ne régularisa le blason que sous le règne de l'empereur Frédéric Barberousse, qui fut élu sur le trône en 1152, et qui mourut en 1190 après un règne de trente-huit ans, pendant lequel, lorsqu'il n'était point en guerre, il faisait exercer la noblesse aux tournois pour la conserver dans une humeur martiale. On n'était admis dans ces tournois qu'avec de bonnes preuves de noblesse; c'est alors, et seulement alors, qu'on établit différents degrés de distinction dont chaque noble décora son bouclier.

La succession du blason dans les familles est venue sous le règne du roi de France Louis-le-Jeune, lorsqu'il se croisa en 1143 pour la conquête de la Terre-Sainte; et comme il y eut grand nombre de Chrétiens de différentes nations qui l'accompagnèrent, chacun prit des croix différentes, tant en la forme qu'en la couleur, et les belles actions que plusieurs grands héros firent en cette guerre donnèrent lieu à leurs descendants de garder les marques qu'ils portèrent alors sur leurs boucliers.

Le nom de blason fut donné à cette science à cause du son de la trompette et fanfare avec lequel l'on portait en triomphe l'écu ou bouclier du chevalier reçu pour le tournois; et comme l'origine vient d'Allemagne, son nom dérive de celui de *blasen*, qui veut dire souffler-sonner ou publier.

L'on nomme encore cette science héraldique, parce qu'il n'y avait autrefois que les héros qui s'en servaient, et depuis, parce que les seuls héraults-d'armes étaient les juges de cette science.

Le nom de blason n'est pas donné à l'écusson, mais bien à la description des pièces qui chargent l'écusson.

De la composition du blason.

La principale connaissance du blason consiste à savoir distinguer les métaux et les émaux, et les figures des armoiries. Les métaux sont l'or et l'argent, les émaux sont des couleurs et sont au nombre de cinq, savoir : le bleu, le rouge, le vert, le noir et le violet, que l'on nomme en termes de blason, le bleu *azur*, le rouge *gueule*, le vert *sinople*, le noir *sable*, et le violet *pourpre*.

Outre ces deux métaux et les cinq couleurs, il y a deux fourures qui sont des peaux, et sont des ornements des costumes des hauts dignitaires, magistrats, etc.; l'hermine qui est blanche, semée de mouchetures noires ou de *sable*, et le vair qui est la peau de la genette, laquelle étant de plusieurs couleurs est dite *variée;* les anciens l'ont arrangée en forme de cloches, les unes dans les autres, et leur émail est toujours d'argent et d'azur.

Lorsque le fond de l'hermine est de sable et que les mouchetures sont d'argent, l'hermine prend le nom de contre-hermine.

Lorsque les vairs se rapportent les uns aux autres, savoir, deux d'argent et deux d'azur joints ensemble, on les nomme contre-vairs; quand le vair est d'autre métal et couleur, il faut l'expliquer coé; Beaufremont porte vair d'or et de gueule, ce qui ne se dit point quand il est d'argent et d'azur, auquel cas on dit simplement, il porte de vair.

Il est à remarquer qu'il ne faut point mettre métal sur métal, ni couleur sur couleur, à moins qu'il n'y ait sujet pour enquérir, autrement il y aurait fausseté : Godefroy de Bouillon prit la croix de Jérusalem d'or sur argent, pour faire souvenir ou enquérir la postérité de la conquête de ce royaume.

De la différence des armes.

Elles sont de six sortes, savoir : de domaines, de dignités, de concessions honoraires, de sociétés, de patronage et de familles.

Les armes de domaines sont celles des royaumes ou principautés, qui engagent le prince qui les possède à les porter; elles sont de trois sortes, savoir : de domaines ordinaires, comme la France; de prétentions, comme l'Angleterre; d'union, comme l'Espagne, qui porte les armes de plusieurs royaumes dans un seul écusson.

Les armes de dignités sont de deux sortes, intérieur et extérieur.

Les armes de concessions sont des pièces des armes des souverains, qu'ils détachent pour récompenser leurs sujets de quelques belles actions.

Les armes de sociétés sont celles des chapitres, des communautés religieuses et des marchands.

Les armes de patronage sont celles des villes qui portent les armes de leur souverain, et celles des cardinaux qui portent avec les leurs celles des papes qui les ont honorés de la pourpre.

Les armes de familles sont celles qui sont prises par toutes sortes de personnes, et qui sont transmises dans les familles auxquelles le souverain accorde la noblesse.

COIFFURES DES CHEFS D'ÉTAT.

PLANCHE XXXXV.

Observations préliminaires.

La coiffure des chefs d'état était primitivement un simple bonnet; mais pour distinguer le chef d'avec les autres capitaines qui portaient à leur bonnet une plume d'aigle, on entoura ce bonnet d'une guirlande de lauriers; plus tard, et successivement, le chef remportant quelques victoires ou ayant conquis des pays, on surmonta ce bonnet d'autres guirlandes que l'on attacha ensemble à leur extrémité, ce qui présenta assez bien la forme d'un de ces bourrelets que l'on met aux enfants lorsqu'ils essaient les premiers pas. Pour mettre le chef plus à l'abri du danger dans les combats, on fit ce bonnet en lame de fer, et ce bonnet de fer fut successivement transmis au nouvel élu : c'est de là que dérivent les couronnes et les couronnements.

De la composition des couronnes.

La couronne impériale n.° 1 est composée de trois bonnets, et fut portée par les empereurs d'Occident, parce qu'ils étaient empereurs romains et d'Allemagne, et avaient encore pouvoir sur la Gaule, la Hongrie, la Bohême et beaucoup d'autres pays.

La couronne royale de France n.° 2 fut ornée de fleurs-de-lys par Clovis; aussi le roi de France portait-il le titre de roi très chrétien et de fils aîné de l'église.

La couronne électorale n.° 3, surmontée d'une croix, est la coiffure des neuf princes électeurs qui, à la pluralité des voix, élirent les empereurs d'Occident.

La couronne impériale mahométane n.° 4, surmontée d'un croissant, est la marque des progrès que devait faire la doctrine de Mahomet.

La couronne d'archiduc n.° 5, surmontée d'une croix, est la coiffure des premiers lieutenants, le plus ferme soutien des empereurs d'Occident.

La couronne de duc n.° 6, la couronne de marquis n.° 7, la couronne de comte n.° 8, sont la coiffure de la haute noblesse, à laquelle les monarques, et sous leur protection, avaient donné la régence d'un district dont chaque noble portait le nom.

Le bonnet de baron n.° 9 est la petite noblesse qui est donnée pour quelques belles actions et de bons services rendus à l'état. Les gentilshommes doivent porter un casque ouvert.

La thiare, ou couronne du pape n.° 10, n'était d'abord qu'un bonnet rond entouré d'une simple couronne; mais Boniface VIII, vers l'an 1300, l'embellit d'une seconde couronne. Environ 40 ans après, Benoît XII en ajouta une troisième. Les deux clés passées en sautoir sont la marque de la juridiction spirituelle des papes.

La coiffure des préfets de Rome n.° 11 est la coiffure de celui auquel est donné le pouvoir temporaire du district de la Romanie.

Le bonnet phrygien n.° 12 est la coiffure du doge de Venise, comme celle de beaucoup d'autres nations amies de la liberté.

TABLE

DES MATIÈRES.

www.ingramcontent.com/pod-product-compliance
Ingram Content Group UK Ltd.
Pitfield, Milton Keynes, MK11 3LW, UK
UKHW020130220726
13923UKWH00001B/91